GUIDO KASMANN

ALLAQ
Jäger im Eis

GUIDO KASMANN

ALLAQ
Jäger im Eis

Im BVK Buch Verlag Kempen sind weitere **Bücher** von Guido Kasmann erschienen:
- **Appetit auf Blutorangen** (Kinderbuch)
- **Das Schweigen des Grafen** (Kinderbuch)
- **Hexenmüll** (Kinderbuch)
- **Kein Raumschiff im Schrank** (Kinderbuch)
- **Die Osterschildkröte** (Softcover-Bilderbuch)
- **Sing, Luisa, sing!** (Bilderbuch)
- **Der schwarze Nebel** (Kinderbuch)
- **Der Fluch des Bergzauberers** (Kinderbuch)
- **Der Angriff der Dunkelelfen** (Kinderbuch)
- **Die Bande der unbekannten Helden – rettet die Welt** (Kinderbuch)
- **Theo – das Tagebuch** (Jugendbuch)
- **Lena! Chaos! Klappe, die erste!** (Jugendbuch)
- **Schirmel und Oderich** (Kinderbuch)
- **Schirmel und Oderich feiern Weihnachten** (Bilderbuch)
- **Roberto und Sarah** (Kinderbuch)
- **Fiete Hering – Abenteuer im Müllmeer** (Kinderbuch)

Bibliografische Information der Deutschen Bibliothek
Die Deutsche Bibliothek verzeichnet diese Publikation in der Deutschen
Nationalbibliografie; detaillierte bibliografische Daten sind im Internet über
http://dnb.de abrufbar.

www.buchverlagkempen.de

4. Auflage, Kempen 2022
© 2014 BVK Buch Verlag Kempen GmbH, Kempen

Nach der neuen deutschen Rechtschreibung

Alle Rechte dieser Ausgabe vorbehalten durch
BVK Buch Verlag Kempen GmbH

Lektorat: Sandy Willems-van der Gieth, BVK; Hildegard van der Gieth, BVK
Umschlaggestaltung: Stephanie Friedrichs, BVK, unter Verwendung der
Illustration von Victor Brizuela, Viersen; Fotos: © Volodymyr Burdiak / Shutterstock.
com (Wolf), © Elenarts / Shutterstock.com (Schneelandschaft)
Layout / Gestaltung: Stephanie Friedrichs, BVK, unter Verwendung der Fotos von
© luke james ritchie / Shutterstock.com (S. 9), © melis / Shutterstock.com (S. 23),
© Serg Zastavkin / Shutterstock.com (S. 31), © Incredible Arctic / Shutterstock.com
(S. 42, 101), © Monika Wieland / Shutterstock.com (S. 49), © Elenarts / Shutterstock.com
(S. 58, 114), © outdoorsman / Shutterstock.com (S. 73), © Gts / Shutterstock.com (S. 85),
© Willyam Bradberry / Shutterstock.com (S. 95), © Targn Pleiades / Shutterstock.com
(S. 109), © Vectomart / Shutterstock.com (Pfeile, S. 119 – 124), © katerinarspb / Shutter-
stock.com (Steinmännchen, S. 9, 23, 31, 42, 49, 58, 73, 85, 95, 101, 109, 114), © Transia
Design / Shutterstock.com (Rauten, S. 9, 11, 12, 15, 16, 17, 20, 21, 23, 24, 31, 42, 44, 45,
49, 53, 54, 58, 59, 64, 65, 73, 85, 95, 98, 101, 109, 114, 119 – 124)
Illustrationen: Victor Brizuela, Viersen
Druck / Bindung: Jettenberger Internationale Druckagentur, D-Königsbrunn

Printed in Europe

Best.-Nr.: LI74, ISBN 978-3-86740-474-7

Inhaltsverzeichnis

Das Himmelsgewölbe
setzt mich in Bewegung.
Die Gewalt des Windes
durchströmt meine Seele.
Sie reißt mich mit sich fort,
dass ich erbebe vor Freude.

(Ausschnitt aus dem Lied einer Schamanin)

Kapitel 1
Geisterschlitten

Harpune

Gefahr. Sie ist da. Irgendwo vor ihm. Ein Jäger
kann sie spüren, bevor er sie sieht. Allaq
hat seine Harpune mit beiden Händen
umfasst und wartet, bis sich sein Atem
beruhigt hat. Er steht auf einem Hügel
und blickt hinab auf die Ebene vor ihm. Die wenigen
Häuser des Lagers sind die einzigen dunklen Flecken
auf der endlos weißen Fläche, die sich bis zum Horizont vor ihm ausbreitet. Er kann das Qarmaq
seiner Eltern erkennen und das seines
Onkels. Ein eisiger Wind fährt durch
sein Gesicht. Die Sonne
ist fast untergegangen.
Den ganzen Tag hatte
er am Eisloch verbracht,

Qarmaqrohbau

9

doch ohne Jagdglück. Plötzlich hatte ihn eine Unruhe ergriffen und er hatte entschieden zurückzukehren. Ohne Pause war er durch den Schnee gerannt. Auf dem Heimweg hatte er sich die Worte zurechtgelegt, mit denen er seinen Eltern erklären wollte, was passiert war. Allaq weiß, sie werden ihm glauben. Noch nie hat er ihnen gegenüber die Unwahrheit gesagt. Und vielleicht haben seine Eltern ja sogar eine Erklärung für die unheimliche Begegnung mit dem Fisch.

Aber dort unten im Lager stimmt etwas nicht. Kein Mensch ist zu sehen. Nichts ist zu hören. Kein Lachen von spielenden Kindern, keine Rufe von Männern oder Frauen bei der Arbeit. Wo sind die Hunde? Nur am Ende des Lagers steht ein Ding, das ein bisschen aussieht wie ein Schlitten. So etwas hat Allaq noch nie gesehen. Haben alle Bewohner das Winterlager verlassen, ohne auf ihn zu warten? Das kann nicht sein!

Karibu

Sein Herz schlägt einen hämmernden, harten Rhythmus in seiner Brust. Die ganze Luft ist voll von Gefahr, einer Gefahr, die er nicht kennt.

Er rennt den Hang hinab auf das Qarmaq seiner Eltern zu.

Das Karibufell über dem Eingang zum Haus ist heruntergerissen. Die Stoßzähne des Narwals, die es gestützt haben, liegen auf dem Boden. Allaq lehnt die Harpune neben den Eingang an die Wand und kriecht durch den tunnelartigen Eingang in das Haus. Seine Nerven sind angespannt. Im Gang zum Wohnraum liegen zerbrochene Schalen und zerschlagenes Geschirr auf dem Boden. Öl ist verschüttet. Allaq ruft nach seinem Vater, seiner Mutter. Keine Antwort. Er richtet sich auf und schaut sich im Wohnraum um. Im spärlichen Licht, das durch den Eingang dringt, sieht er umgestürzte Bänke. Nichts liegt mehr an seinem angestammten Platz. Die von seiner Mutter bearbeiteten Felle sind fort. Und dann entdeckt er seine Eltern auf dem Boden. Sie bewegen sich nicht. Überall ist Blut. Panik kriecht in Allaq hoch, bis in seine Kehle. Sein Herz schlägt heftig. Stumm ruft er: „Mutter! Vater!" Sein Körper zittert, die Umgebung verschwimmt vor seinen Augen.

△▽△▽△▽

Stattdessen wird die Erinnerung an den heutigen Morgen ganz klar. Er hatte hier in diesem Raum mit seinen Eltern um das Feuer gesessen. Er hört wieder deutlich die Stimme seines Vaters, der zu ihm gesprochen hatte: „Es ist schwer, allein eine Robbe zu erlegen. Du weißt, dass die Robbe mehrere Eislöcher zum Atmen hat."

Nanuk

Allaq hatte genickt und gesagt: „Das Jagen am Eisloch haben wir vom Nanuk gelernt, und der jagt auch allein. Vater, ich will nicht nur Jäger werden, ich will ein sehr guter Jäger werden. Deshalb jage ich allein."

Seine Mutter hatte von ihrer Näharbeit aufgeschaut, laut gelacht und gesagt: „Guter Mann, hörst du deinen Sohn? Er spricht wie der Vater."

Der Vater hatte genickt und Allaq gefragt: „Wie willst du das Atemloch der Robbe finden?"

Robbe

„Sedna, die Meeresgöttin und Mutter aller Bewohner des Meeres, wird mir ein Zeichen geben."

„Warum sollte sie das für dich tun, mein Sohn?", hatte die Mutter gefragt.

„Das weiß ich nicht. Ich weiß nur, sie wird mir helfen."

Daraufhin hatte seine Mutter erwidert: „Ja, jemand wird dir helfen, ich fühle es."

◭◮◭◮◭◮

Warum hatte niemand seinen Eltern geholfen? Was war hier geschehen?

Wo sind die anderen Bewohner des Lagers? Er muss hier raus. Aber er kann seine Füße nicht bewegen vor Angst und Entsetzen. Er hat keine Kontrolle über seinen Körper.

Tränen wollen aus ihm herausbrechen. Er schluckt. Aber er darf nicht schwach sein, nein, er muss handeln wie ein Jäger. Die Gefahr ist immer noch da. Sie schwebt um ihn herum und füllt den Raum aus. Allaq atmet laut ein, dreht sich um und hastet aus dem Haus. Stimmen dringen an sein Ohr. Männer grölen und da ist ein lautes Brummen, wie er es noch nie gehört hat. Am Ende des Lagers sieht er etwas Unheimliches: Fremde Männer kommen aus einem der Häuser und setzen sich auf den seltsamen Schlitten, den er eben schon vom Hügel aus entdeckt hatte. Der Schlitten brüllt. Er muss von unsichtbaren Geistern gezogen werden, denn es sind keine Hunde davorgespannt.

Die Gefahr geht von diesen Männern aus. Sie ist ein Knistern auf seiner Haut. Allaq muss sich verstecken, schnell. Vielleicht sind die Männer selbst böse Geister, oder sie sind von bösen Geistern besessen. Sie kommen näher. Noch haben sie ihn nicht entdeckt. Er rennt an der Häuserwand entlang auf das Nachbarhaus zu und kriecht durch den Eingang in den Innenraum. Mit rasendem Herzklopfen betritt er den Wohnraum. Hektisch schaut er sich um. Hier ist niemand. Felle liegen aufgestapelt an einer Wand. Allaq lauscht auf die Geräusche draußen. Der Geisterschlitten hält genau vor dem Haus. Eine Männerstimme sagt: „In diesem Haus waren wir noch nicht. Mal sehen, was es hier zu holen gibt!"

Allaq kann die Männer verstehen, sie sprechen seine Sprache. Aber es sind Fremde, nicht von hier.

„Danach brennen wir das Lager ab", ruft ein anderer.

Allaq sitzt in der Falle. Er kann nicht fliehen, muss sich verstecken. Panisch schaut er sich um. Sein Blick fällt auf die gestapelten Felle. Allaqs Gedanken rasen. Er greift nach einem großen Karibufell und schüttet Waltran darüber, damit es alt und unansehnlich aussieht. Das reicht nicht. Sein Herzschlag donnert in seinen Ohren. Die Schritte der Männer nähern sich. Allaq zittert, während er noch auf das Fell uriniert. Dann legt er sich unter das übel riechende Fell und macht sich so klein wie möglich, hält es aber zwei Finger breit hoch.

Die Männer betreten den Raum. Sie tragen brennende Fackeln. Lichter huschen am Boden entlang.

„Das stinkt ja ekelhaft hier!", sagt jemand.

Allaq sieht, wie sich die Stiefel des Mannes hin und her bewegen. Solche Stiefel hat er noch nie gesehen.

„Schau mal hier, fette Beute!", sagt einer der Männer.

„Ja, gute Felle. Und alle schon getrocknet", stimmt der andere zu.

„Hier liegt noch eins!" Allaq sieht die Stiefelspitzen vor sich. Wenn der Mann noch einen Schritt geht, wird er auf seine Hand unter dem Fell treten. Allaq hält den Atem an. Am liebsten würde er schreien und weglaufen. Aber er darf sich nicht bewegen, nicht einmal mit dem

Finger zucken. Die Angst treibt ihm Tränen in die Augen.

Er hat gelernt, bewegungslos zu verharren. Stundenlang. Nur so kann man die Robbe am Eisloch überlisten. Er stellt sich vor, wie er das heute Morgen getan hat.

△▽△▽△▽△▽

Sein Blick war auf das schwarzblaue Wasser vor ihm gerichtet, sein Körper leicht nach vorne gebeugt. Mit der Spitze der Harpune zielte er – zum Stoß bereit – auf das Eisloch. Er stand dort wie aus Stein. Die Sonne war fast einmal ganz um ihn herumgewandert. Erst schien sie von der Seite, dann schien sie ihm ins Gesicht.

Kulitaq

Ein frostiger Wind zerrte an ihm. Aber sein Kulitaq aus Karibufell wärmte ihn gut, wie auch seine Fuchsfellhose und seine Robbenfellstiefel, in die ihm seine Mutter am Morgen trockenes Gras gesteckt hatte.

Er kann hier in seinem Versteck unter dem stinkenden Fell noch die eisige Polarluft spüren. Auch die kleinste Bewegung hätte die Robbe warnen können. Und er wollte doch erfolgreich jagen. Sein Vater sollte stolz auf ihn sein. Allaq würde ihm zeigen, dass er ein guter Jäger ist und mit einer Robbe auf der Schulter heimkehren. Er wollte die Freude in den Augen seines Vaters genießen, wenn sein Sohn zum ersten Mal allein von der Jagd zurückkehrt. Seine Mutter hätte die Robbe mit dem scharfen Ulu zerlegt und Allaq wäre durch das Lager von Haus zu Haus gezogen, um Stücke der Beute zu verteilen, zum Zeichen, dass er nun ein Jäger war.

Ulu

Dann passierte das Unheimliche: Das dunkle Wasser unter ihm schwappte stärker und begann zu leuchten. Ganz langsam hob er die Harpune zum Stoß. Wenn sich das Robbenmaul zeigte, durfte er keinen Moment zögern. Zu seinem Erstaunen reckte ein Fisch den Kopf aus dem Eisloch.

△▽△▽△▽△▽

Der andere Fremde sagt: „Was willst du mit diesem widerlich stinkenden Lappen? Wir haben genug Beute gemacht. Lass uns abhauen."

Die Schritte entfernen sich. Noch immer wagt Allaq kaum zu atmen. Langsam und unmerklich hebt er mit dem Finger das Fell ein bisschen mehr an. Er kann den Boden des gesamten Raumes überblicken. Die Männer sind weg. Er atmet tief ein. Seine List war erfolgreich. Aber er kann die Stimmen noch vor der Tür hören.

Alles in ihm schreit nach Flucht.
Aber er muss ruhig bleiben und warten!

Allaq denkt an den Fisch. Er war sehr groß. Einen solchen Fisch hatte Allaq noch nie gesehen. Allaq zögerte zuzustoßen, denn er wollte doch eine Robbe erlegen. Aber auch ein Fisch ist eine gute Beute. Der Fisch streckte sein Maul aus dem Wasser und begann zu sprechen: „Tu es nicht! Lass mich am Leben!"

Allaq starrte den Fisch an. Wieso kann der Fisch sprechen und wieso versteht Allaq seine Worte?

„Ich bin alt und mein Fleisch ist zäh. Es wird niemandem schmecken", sagte der Fisch.

Wie sollte Allaq seinem Vater erklären, dass er einen Fisch am Leben gelassen hat, weil der ihn darum gebeten hatte? Alle im Lager würden sich über ihn lustig machen: „Allaq ist seltsam. Allaq ist nicht wie wir."

„Lass mich schwimmen, Allaq. Und wenn du einmal in Not bist, werde ich dir helfen."

Allaq ließ die Harpune sinken, und der Fisch tauchte ab in die dunklen, endlosen Tiefen unter dem Eis. Eine Weile beobachtete Allaq, wie sich das Wasser im Eisloch wieder beruhigte. Was sollte er nun tun? Weiter auf eine Robbe warten? Er war ganz durcheinander von der Begegnung mit dem Fisch. Ihn überfiel eine innere Unruhe. Es drängte ihn, seinen Eltern von dem Erlebnis zu erzählen. Und er lief los.

▲▽▲▽▲▽

Wieso ist es noch immer so hell im Raum? Im nächsten Moment sieht Allaq, wie die Holzbank in Flammen aufgeht. Die Männer haben die Fackel darauf geworfen. Er springt auf und wirft das Fell von sich, denn durch den Waltran wird es sofort Feuer fangen. Er schaut sich um. Sein Herz trommelt in seiner Brust. Die herumliegenden getrockneten Tierknochen und Holzstücke beginnen ebenfalls zu brennen. In einer Ecke lodern Flammen auf. Im nächsten Moment schlagen sie schon mannshoch.

Der Geisterschlitten brüllt auf. Schnell wird er leiser, wie die Stimmen der Männer. Allaq muss raus hier, sonst wird er verbrennen. Er stolpert hustend durch den Rauch, findet den Ausgang und ist endlich draußen. Gierig saugt er die reine Luft ein und schaut sich um. Die Männer haben schon die Kuppe des Berges hinter dem Lager erreicht. Alle Häuser um Allaq herum brennen lichterloh. Auch das seiner Eltern. Ein paar Schritte geht er darauf zu. Die Flammen schlagen aus dem Eingang. Er sieht seine Harpune, die an der Außenwand lehnt. Nur noch wenige Augenblicke, dann wird auch sie Feuer fangen. Allaq läuft darauf zu, greift nach der Harpune. Die Flammen versengen ein paar Haare an seiner

Harpune

Kapuze. Er kann es riechen. Hastig springt er zurück und stolpert an den brennenden Häusern entlang. In seinem Kopf ist ein gewaltiger Schmerz, der immer größer wird. Es ist, als müsse er gleich platzen. „Vater! Mutter!" Er läuft ein paar Schritte, bleibt stehen, kehrt um, läuft wieder zurück. Sein Verstand hat keine Gewalt mehr über seinen Körper. Wieder dreht er um, läuft Richtung Lagerausgang. Vor dem Eingang zum Haus des Schamanen liegt eine Flöte aus Vogelknochen auf dem Boden. Er starrt sie an, es ist wie ein Traum, er starrt und starrt, er weiß nicht, wie lange.

Allaq hört eine Stimme in seinem Kopf, die sagt: „Nimm sie mit, Allaq, nimm sie mit!" Jetzt hebt er die Flöte auf und steckt sie

Flöte aus Vogelknochen

in seine Felltasche. Um ihn herum lodern die Flammen in den Häusern. Überall ein Rauschen und Knistern und Krachen. Am Ende der Siedlung sieht er das Haus seines Onkels. Auch das ist fast niedergebrannt. Nur der Schuppen daneben ist unversehrt. Allaq will sich verkriechen, will die Flammen nicht mehr sehen. Er betritt den Schuppen. Trockenfleisch hängt an Haken von der Decke.

Er kauert sich in die Ecke und zieht die Beine an die Brust. Sein Körper zittert. Er kann nichts dagegen tun. Er muss sich beruhigen. Er erinnert sich an die Worte

19

des Vaters: „Im Moment der Angst denke an schöne Erlebnisse, damit die Angst dich nicht lähmt. Die Erinnerungen wärmen dein Herz, und dein Herz wärmt und beruhigt deinen Körper."

△▽△▽△▽△▽

Allaqs Leben war voller schöner Erlebnisse.   Tranlampe
*Erst gestern Abend hatte er mit seinen
Eltern im Qarmaq gesessen. Im zit-
ternden Schein der Tranlampe
hatte seine Mutter die Geschichte
von der Frau erzählt, die ein
Karibu wurde, während sein
Vater mit dem Messer an
einem kleinen Schlitten aus Walfischknochen für Allaqs
Cousin geschnitzt hatte. Seine Mutter hatte schon vor
Tagen aus Fellresten eine kleine Puppe für den Schlitten
genäht. Die Tranlampe hatte so viel Wärme gespendet,
dass sie alle ohne Fellkleidung auf den kleinen Holz-
bänken sitzen konnten. Draußen hatten sie den eisigen
Wind um das Haus pfeifen gehört. Allaq hatte seinen
Kopf gegen die Schulter seiner Mutter gelehnt und so
ihre Erzählung nicht nur hören, sondern auch spüren
können.*

*Heute Morgen weckte sie ihren Sohn mit einem Lied.
Als er die Augen öffnete, sah er schon den dampfenden*

Kessel aus Speckstein mit gebratenem Robbenfleisch über der Feuerstelle in der Mitte des Raumes. Allaq kroch unter den wärmenden Fellen hervor und setzte sich zu seinen Eltern an die Feuerstelle. Seine Mutter schöpfte das Fleisch in eine Schüssel, aus der er und sein Vater mit Holzlöffeln aßen. Dazu tranken sie heiße Suppe. Seine Mutter hatte eine solche Freude am Singen, dass sie nichts aß und ihre Suppe kalt wurde. Sein Vater lachte über seine Frau und sagte: „Du wirst noch verhungern, wenn du weiter singst. Und wer soll deinem Sohn und mir dann das wunderbare Essen kochen?"

△▽△▽△▽

Allaq meint, den tranigen, scharfen Geschmack des Robbenfleischs noch auf der Zunge zu spüren. Seit dem Morgen hat er nichts mehr gegessen. Aber ein Jäger spürt keinen Hunger. Seine Mutter wollte ihm Fleisch mitgeben. Allaq hatte abgelehnt. „Ich bin ein Jäger, Mutter, wenn ich etwas essen will, dann jage ich es mir."

Wo soll er jetzt hin? Er vernimmt ein Knacken und Knistern hinter den Wänden. Das Feuer im Haus ist auf den Schuppen übergesprungen. Schnell raus hier! Allaq reißt zwei Stücke Trockenfleisch von den Haken, stopft sie in seine Felltasche, dann hastet er hinaus. Hinter sich hört er ein dumpfes Grollen. Nach ein paar

Schritten schaut er sich um. Die Flammen haben den Schuppen umschlungen. Holz knackt und zerbirst. Allaq rennt aus dem Lager, er rennt und rennt.

Er schleppt sich den Hügel hinauf. Auf der Kuppe lässt er sich in den Schnee fallen. Seine Lunge fühlt sich an, als würde auch sie brennen. Er sieht den Fisch vor sich, der bat, ihn am Leben zu lassen. Wenn Allaq nicht morgens auf die Jagd gegangen wäre, würde er sicher genauso tot sein wie alle anderen. Er hört wieder die Stimme seiner Mutter, ihre letzten an ihn gerichteten Worte: „Ja, jemand wird dir helfen, ich fühle es."
Nach einer Weile richtet sich Allaq auf und schaut zurück. Die Dämmerung legt sich auf das brennende Haus. Allaq weint. Er hat alles verloren, alles, was sein Leben war: Seine geliebte Mutter, seinen geliebten Vater, sein Zuhause. Die Einsamkeit ist ein stummer Schrei, der seinen Körper nicht verlassen will.

Allaq dreht sich um und geht weg von dem Ort, der sein Zuhause war, dem Ort, den es nicht mehr gibt. Unmerklich weicht die Dämmerung der Nacht. Er geht und geht, setzt einen Schritt vor den anderen. Noch immer laufen ihm die Tränen die Wangen hinab. Sie gefrieren auf der Haut, aber er bemerkt es nicht.

 **Kapitel 2
Der Wolf**

Wie lange läuft er nun schon durch die Nacht? Allaq weiß es nicht. Er wünscht sich, alles wäre nur ein böser Traum. Nein, nein, es ist kein Traum. Er ist hier allein in dieser endlosen weißen Welt. Sie ist unerbittlich und gnadenlos, sie verzeiht keine Fehler. Und Allaq ist allein, nur mit einer Harpune bewaffnet.

Seine Eltern sind tot. Wo soll er hin? Allaq muss versuchen, klar zu denken. Mit den Handschuhen reibt er sich durch das tränennasse Gesicht. „Ich bin ein Jäger", sagt er laut. Ein Jäger konzentriert sich auf seinen Verstand, muss Kontrolle über seine Gefühle gewinnen. Er darf keine Angst haben. Wer Angst hat, kann nicht denken. Sein Vater war ein guter Jäger. Was würde er ihm jetzt sagen? „Allaq, allein kannst du nicht überleben. Du musst Menschen finden, die dich aufnehmen."

Letzten Sommer hatte sein Lager Besuch aus einem anderen Lager bekommen. Gemeinsam haben sie den Sommer gefeiert, getanzt und gegessen und sich gegenseitig Geschichten erzählt, bis tief in die Nacht, die im Sommer immer hell ist. Da hatte er Anouk gesehen. Anouk heißt „Tochter des Bären". Er mochte ihre Stimme, ihr Lachen, ihren Blick. Abends hatte sie ein Lied auf ihrer Flöte vorgespielt. Seit dem Fest hat er sie nicht vergessen können. Hat sich auf den kommenden Sommer gefreut, wenn er sie wiedersehen würde. Nun wird es kein gemeinsames Fest mehr geben. Alle in Allaqs Lager sind tot. Getötet von Männern mit Geisterschlitten. Wieder kommen ihm Tränen.

Allaq weiß nicht, wo Anouks Lager liegt. Wie kann er es also finden? *Ich bin ein Jäger,* sagt er sich und ballt seine Hände zu Fäusten. Er muss klar denken. Ein Jäger weiß, die Männer eines Lagers gehen zur Eiskante, um zu jagen. Dort, wo das Eis endet und das Meer beginnt. Wo man Fische, Robben, Walrosse und Wale jagen kann. Also muss er versuchen, es bis dorthin zu schaffen, und darauf hoffen, dort Jäger zu treffen. Die können ihm den Weg zum Lager zeigen. Die Bewohner werden ihn aufnehmen. Und, wer weiß, vielleicht wird er irgendwann einmal sogar Anouk wiedersehen. Doch es wird ein beschwerlicher Weg werden, voller Gefahren.

Obwohl es Nacht ist, kann Allaq erkennen, wo er geht. Er wandert unter dem vollen Mond, der ihm mit seinen Schwestern, den Sternen, den Weg weist. Gemeinsam leuchten sie den Schnee an, damit Allaq nicht stolpert und sich verletzt. Der Schnee knarzt bei jedem Schritt leise unter seinen Füßen. Sein Schatten begleitet ihn, ein schwarzer Umriss auf dem schimmernden Weiß des Bodens.

Dann steht er vor dem Eisloch, aus dem der Fisch zu ihm gesprochen hat. Allaq schaut in das Wasser. Als er das letzte Mal hier stand, war sein Leben noch in Ordnung. So plötzlich ist alles anders.

Das Wasser bewegt sich, beginnt zu leuchten. Aus der Tiefe taucht wieder der Fisch auf und beginnt zu sprechen: „Ich weiß, was geschehen ist. Deine Eltern sind zum Nordlicht gegangen. Du wirst ihre Seelen am Himmel tanzen sehen. Du, Allaq, musst fortgehen. Siehst du den hell leuchtenden Stern? Folge ihm, dann findest du ein neues Zuhause. Und beachte, was ich dir nun sage, dann wirst du dein Ziel erreichen: Verwahre das Trockenfleisch. Iss es nicht selbst. Egal, wie groß der Hunger ist. Und verliere nicht die Flöte. Vergiss meine Worte nicht."

Allaq hört dem Fisch aufmerksam zu.

Der Fisch spricht weiter: „Es wird eine lange Reise,

Allaq. Vertraue auf deine Kraft und deinen Verstand. Du bist ein Jäger. Glaube an dich."

Der Fisch lässt sich zurück in die Tiefe des schwarzen Wassers sinken. Lange schaut Allaq in das Eisloch. Er denkt über die Worte des Fisches nach. Sein Blick geht zum Himmel. Dort leuchtet der helle Stern. Er marschiert los, setzt einen Schritt vor den anderen. Immer wieder sagt er sich leise die Worte des Fisches vor: „Vertraue auf deine Kraft und deinen Verstand. Du bist ein Jäger. Glaube an dich."

Es beginnt zu schneien. Allaqs Füße sinken immer tiefer in den Schnee. Jeder Schritt wird mühsam. Ein eisiger Wind kommt auf, treibt ihm die Flocken ins Gesicht. Seine Beine fühlen sich schwer an. Und er hat Hunger, denkt an das Trockenfleisch in seiner Tasche. Aber er darf es ja nicht essen. Der Schneefall wird stärker. Allaq muss Schutz suchen, um eine Weile die Augen schließen zu können. Er überlegt: „Ich baue eine kleine Mauer aus Eisblöcken. Zum Schutz vor dem nachtkalten Wind."

Sofort beginnt er, Blöcke aus dem Schnee zu formen. Das ist mühsam, denn er hat kein Schneemesser, nur ein Messer mit einer kleinen Klinge, und der neue Schnee ist pulvrig. Immer wieder brechen die Blöcke auseinander. Doch irgendwann hat er es geschafft. Er hockt sich auf die Windschattenseite, lehnt sich an die Schneewand, zieht die Kapuze tief ins Gesicht und umfasst mit den Armen seinen Körper. So machen es die Jäger unterwegs. Dennoch ist es kalt. Aber seine Erschöpfung ist so groß, dass ihm die Augen zufallen. Seine letzten Gedanken, bevor er einschläft, wandern zu seinen Eltern. Sie sitzen neben ihm, lächeln, ihr Blick sagt: Du schaffst es, du bist unser Sohn.

Ein Geräusch weckt ihn. Schläfrig öffnet er die Augen. Noch immer ist es Nacht. Seine Hände und Füße schmerzen von der Kälte. Er hat viel zu lange im Schnee gehockt. Ein Glück, dass er wach geworden ist. Er hätte im Schlaf erfrieren können. Da ist wieder das Geräusch. Ein Knurren. Er schaut sich um. Zuerst sieht er nur tanzende weiße Flocken in der Luft. Auch auf seinem Parka, seiner Mütze, überall Schnee. Er selbst kann kaum in der Landschaft zu erkennen sein. Das Knurren wird lauter. Er schaut in die Richtung, aus der er es vernommen hat. Zwei gelbe Punkte nähern sich. Nun kann er mehr erkennen: das grauweiße Fell, die gefletschten Zähne – ein Wolf! Nur zehn Schritte entfernt. Das Tier bleibt stehen. „Hau ab!", brüllt ihn Allaq an. „Verschwinde!" Er lässt den Wolf nicht aus den Augen und tastet nach der Harpune unter dem frisch gefallenen Schnee. Endlich spürt er den Schaft durch seine Handschuhe. Alle seine Muskeln sind angespannt.

„Lass mich in Ruhe! Weg mit dir!", sagt Allaq mit fester Stimme. Der Wolf darf keine Angst darin hören.

Ein Knurren ist die Antwort. Der Wolf senkt den Kopf und umkreist ihn. Bei jeder Umrundung kommt er ein bisschen näher.

Noch immer hat sich Allaq nicht bewegt. „Was willst du?"

Der Wolf bleibt vor ihm stehen, rührt sich nicht, schaut ihn nur an. Allaq überlegt. Wölfe jagen in Rudeln. Dieser hier ist allein. Vielleicht ist er schwach vom Hunger und greift deshalb nicht an. Oder hat er selbst Angst? Vielleicht ist er noch nie einem Menschen begegnet?

Sein Vater erzählte Geschichten von Amarok, einem riesigen, einsamen Wolf, der nachts unterwegs ist in der Eiswüste, um Jäger zu töten, die so dumm sind, allein auf die Jagd zu gehen.

Amarok

„Ich bin ein Jäger", sagt Allaq laut. „Aber ich bin nicht auf der Jagd. Ich suche ein Heim."

Der Wolf kommt wieder einen Schritt näher. Allaq kann die Atemwolken vor seinem Maul mit den vielen spitzen Zähnen sehen. Noch einen Schritt und Allaq wird die Harpune in beide Hände nehmen und aufspringen. Aber er will den Wolf nicht töten, solange dieser ihn nicht angreift. Sein Fleisch kann man nicht essen und er benötigt sein Fell nicht.

Und plötzlich ist es, als könnte Allaq den Wolf verstehen. „Du hast Hunger, nicht wahr?", fragt Allaq mit sanfter Stimme. „Ich habe etwas für dich." Langsam gleitet seine linke Hand in die Tasche. Der Wolf verfolgt aufmerksam jede seiner Bewegungen. Allaq holt ein Stück Trockenfleisch hervor. Der Wolf macht einen weiteren Schritt auf Allaq zu, den Blick auf das Fleisch gerichtet.

„Hier, das magst du doch, oder?" Der Wolf streckt den Kopf nach vorne und wittert, kommt aber nicht näher. „Du bist misstrauisch, Wolf. Du hast mehr Angst als ich." Allaq wirft ihm das Stück Fleisch vor die Pfoten. Der Wolf schnuppert daran, zieht es mit seiner Schnauze weg und schlingt es gierig hinunter. Er schaut Allaq an.

„Du willst noch mehr?" Allaq greift wieder in seine Tasche und holt das letzte Stück Fleisch heraus. Mit ausgestreckter Hand hält er es dem Wolf hin. Der macht ein paar kleine Schritte auf Allaq zu, schnuppert an dem Fleisch und an seiner Hand. Vorsichtig packt er das Fleisch mit den Zähnen und schlingt es ebenfalls hinunter.

Allaq schaut ihm zu. Der Wolf kommt noch näher und stößt ihn mit der Schnauze an. „Ich habe nichts mehr. Meine Taschen sind leer." Jegliche Angst vor dem wilden Tier ist verflogen. Der Wolf berührt ihn wieder. Jetzt fester.

„Du willst, dass ich aufstehe", sagt Allaq. „Ja, ich stehe auf. Ich muss mich bewegen, sonst erfriere ich." Er schaut den Wolf an. „Du hast mich geweckt. Ohne dich wäre ich im Schlaf erfroren. Ich danke dir."

In diesem Moment erstirbt der eisige Wind und der Schneefall hört auf.

„Ich muss weiter, Wolf."

Die Wolken brechen auf. Dahinter zeigt sich die Sonne am Horizont und zaubert einen orangefarbenen Streifen an den Himmel. Mit der Harpune in der Hand marschiert Allaq los. Der Wolf folgt ihm.

Kapitel 3
Die Eiskante

Das Orange am Himmel verliert sich mehr und mehr im strahlenden Blau des Himmels. Die Sonne wird um diese Jahreszeit nicht viel höher hinaufsteigen. Um seine Augen vor dem gleißenden Glitzern des Schnees zu schützen, setzt Allaq seine Schneebrille auf, die ihm sein Vater aus Walknochen geschnitzt hat. Durch die tiefen Schlitze vor den Augen sieht er die Landschaft vor sich als schmalen Streifen. Immer wieder dreht sich

Schneebrille

Allaq um. Der Wolf trottet in Sichtweite hinter ihm her. Wartet er darauf, sich auf ihn stürzen zu können, wenn er schwach genug ist? Nein, dazu hatte er reichlich Gelegenheit. Vielleicht will er Allaq beschützen. Aber warum? Allaq weiß, die Tiere tragen die Seelen

31

der Verstorbenen in sich. Wohnt in dem Wolf die Seele eines Jägers? Allaq bleibt stehen, wendet sich zu dem Tier um. Regungslos schauen sie einander an. „Du kennst mich und ich kenne dich", sagt Allaq laut. Ihn tröstet die Vorstellung, die Seele des Vaters könne im Körper dieses starken, klugen und sanftmütigen Wolfes wohnen, der ihm das Leben gerettet hat.

Allaq setzt seine Wanderung fort. Nun ist die Landschaft zerklüftet von eisigen Felsen. Immer wieder muss er über kleine Hügel klettern, dabei vorsichtig seine Füße voreinandersetzen. Manchmal rutscht er ab, fällt einige Male hin, steht wieder auf. Nur langsam kommt er voran.

Gegen Mittag trifft er auf ein Inuksuk. Die riesigen Steine sind so aufeinandergeschichtet, dass Allaq das Zeichen versteht: „Folge der Richtung, die ich angebe." Aber worauf zeigt das Inuksuk? Auf ein Lager, ein Jagdgebiet oder auf einen Vorratsplatz für erlegte Nahrung? Allaq entscheidet sich, die Richtung einzuschlagen, in die das Inuksuk weist. Denn egal, was ihn dort erwartet, es kann ihm helfen.

Inuksuk

Der Hunger ist stark geworden. Seit gestern Morgen hat er nichts mehr gegessen. Sein Magen krampft sich leicht zusammen. Aber ein Jäger kann lange ohne Nahrung auskommen. Wenn die Seele des Vaters im Wolf wohnt,

dann will Allaq ihm zeigen, wie zäh er ist, dass er Kraft und einen starken Willen hat. Sein Vater soll stolz auf seinen Sohn sein.

Allaq setzt einen Schritt vor den anderen. Um ihn herum ist völlige Stille. Kein Vogel ist zu hören, kein Strauch weit und breit, in dem sich der Wind fängt. Da ist nur ein leises Rauschen in seinen Ohren, sein eigenes Blut, das durch die Adern pulsiert. Vielleicht ist er der einzige Mensch im Umkreis mehrerer Tagesmärsche.

Allaq liebt diese Stille. Wie oft ist er schon als kleiner Junge hinaus ins Eis gegangen, nur so weit, bis ihn diese Stille umhüllt hat. Und wenn er zurückkam, hatte die Mutter etwas Heißes zu essen gekocht. Ach, seine Mutter. Sich an sie zu lehnen, ihre tröstenden, liebevollen Worte zu hören, das vermisst er so sehr.

Vor ihm am Horizont taucht ein schwarzer, glitzernder Streifen auf, vor dem sich blauweiß schimmernde Gebirge abzeichnen: die Eiskante! Eisstücke, so groß wie ganze Dörfer, ziehen dahinter langsam durch das Meer. Nicht mehr lange und er wird den Rand der Eiskante erreichen. Gut, dass er dem Inuksuk gefolgt ist.

Nach einer Weile ist er der Eiskante so nahe gekommen, dass er die dünnen Nebelschwaden über dem Wasser stehen sehen kann. „Das ist der Atem des Meeres", sagte sein Vater dazu. Und er hatte Allaq auch erklärt, das käme daher, dass das Wasser wärmer ist als die Luft darüber. Ohne die Sonne wäre es ein dichter, fast undurchsichtiger Nebel.

An der Eiskante ist es gefährlich, wenn man nicht weit sehen kann. Denn hier, wo viele Robben, Walrosse, Fische und Vögel sind, sind auch ihre Feinde nicht weit, die Eisbären. Wenn man einen Eisbären sieht, ist man bereits in höchster Gefahr, denn er ist schneller als jeder Mensch oder als jeder Schlitten mit den stärksten und schnellsten Hunden. Der Eisbär sieht mit seiner Nase, weil er schwache Augen hat. Aber seine Nase sieht weiter, als es jedes menschliche Auge vermag.

Sein Vater hatte ihm einmal von einem Erlebnis mit einer Eisbärin und ihren zwei Jungen erzählt. Er war mit dem Schlitten unterwegs, als die Eisbärin ihm plötzlich folgte. Flucht war unmöglich, denn der Nanuk wäre schneller als die Hunde gewesen. Allaqs Vater griff zu einer alten List der Inuit. Er hielt an und warf sich ein Eisbärfell über, das er auf dem Schlitten mitführte. Dann machte er die Hunde scharf, die tatsächlich glaubten, einen Eisbären vor sich zu haben. Sie fletschten die Zähne, bellten, knurrten. Die Eisbärmutter ließ sich von den aggressiven Hunden einschüchtern.

Allaq schaut sich um. Ein Eisbär ist nicht zu sehen. Er blickt über das Wasser. Die Eiskante ist nicht mehr weit entfernt. Die Nebelschwaden haben sich von der

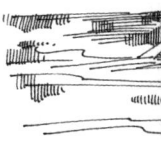

Eisscholle

Sonne vertreiben lassen. Näher wird Allaq nur ans Wasser gehen, wenn er muss, denn immer wieder brechen Stücke des Eises an der Kante ab und schwimmen auf dem Meer davon. Und wenn man auf einer Scholle hinaustreibt, ist man verloren. Fällt man in das eiskalte Wasser, kann man sich in kürzester Zeit nicht mehr bewegen und stirbt. All das weiß Allaq von seinem Vater. Nie wurde er müde, seinem Sohn alles Wissen über die Natur und das Verhalten der Tiere weiterzugeben, wie es dessen Vater getan hatte. „Wenn wir die Gesetze der Natur nicht kennen, behandeln wir sie falsch. Und dafür bestraft sie uns mit Hunger, Kälte und sogar Tod", hatte der Vater gesagt. „Aber wenn wir sie gut behandeln, diese Welt, dann schenkt sie uns alles, was wir zum Leben benötigen."

‚Und sie schenkt uns auch die schönen Eisberge', denkt Allaq und betrachtet einen blauen Gletscherfelsen, der langsam durch das Meer zieht. Er ist fast so groß wie eine Herde Narwale, die man aufeinandergelegt hat. Als der schwimmende Berg vorbeigezogen ist, schwappt das Wasser leicht über die Eiskante. Wie eine riesige flache Zunge bewegt es sich auf Allaq zu und zieht sich mit einem schluchzenden Geräusch sogleich wieder zurück.

35

In diesem Moment entdeckt Allaq die Robbe, die sich durch die Welle auf das Ufer hat spülen lassen. Sie will sich das Fell von der Sonne bescheinen lassen. Aber noch schaut sie sich nach möglichen Feinden um. Allaq bleibt reglos stehen. Die Robbe hat gute Augen. Aber der Wind steht günstig für Allaq, er kommt vom Meer, also kann die Robbe ihn nicht wittern. Sie scheint beruhigt: Kein Feind ist in der Nähe. Sie dreht sich auf den Rücken.

Allaq beherrscht nur noch ein einziger Gedanke: Er muss die Robbe erlegen, dann kann er sich endlich wieder satt essen. Doch wenn er sich ihr nähert, wird sie mit einer schnellen Bewegung ins Meer abtauchen. Allaq will eine List anwenden. Auch die hat er von seinem Vater gelernt.

„Du musst dich bewegen wie das Tier, das du jagen willst. Eine Weile kannst du es so täuschen und näher herankommen." Um es Allaq zu zeigen, hatte sein Vater vorgeschlagen, sie sollten gemeinsam ein Karibu

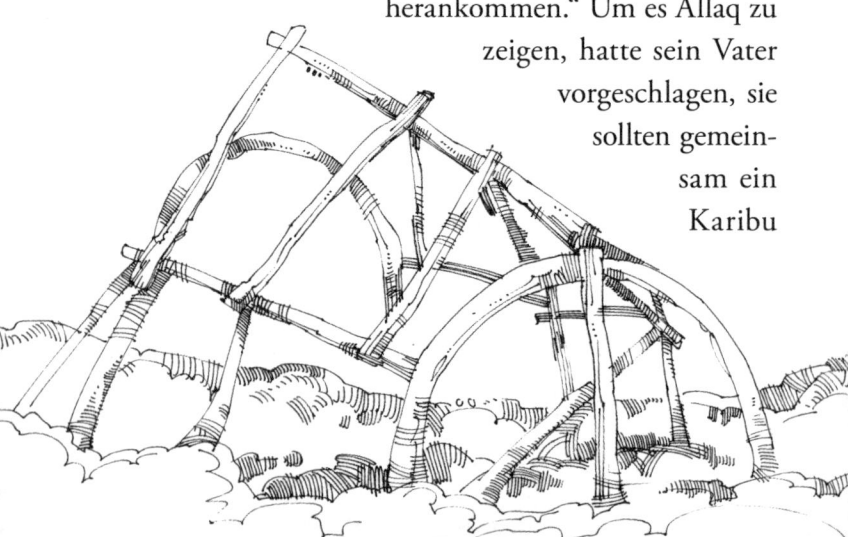

nachahmen. Dazu hatte er ihm einen Bogen gegeben, den Allaq mit beiden Händen und ausgestreckten Armen wie ein Geweih über seinen Kopf halten sollte. Sein Vater hatte sich hinter ihn gestellt und den Oberkörper nach vorne gebeugt, bis der Kopf Allaqs Rücken berührte. Sein Vater hatte das Brüllen des Tieres nachgeahmt. So waren sie vor dem Qarmaq herumgelaufen, bis seine Mutter herausgetreten war. „Ihr zwei seid das hübscheste Karibu, das ich je gesehen habe", hatte sie gerufen und war in schallendes Gelächter ausgebrochen.

Sehr langsam legt sich Allaq mit dem Bauch auf das Eis. Die Robbe ist schwerer zu täuschen als ein Karibu, denn sie hat viel bessere Augen. Den Harpunenspeer nimmt er in die rechte Hand, das freie Ende der Schnur am Speer hält er in der linken. Wie eine Robbe rutscht er auf seine Beute zu. Es muss ihm gelingen, so nahe wie möglich an das Tier heranzukommen, denn im Liegen kann er mit dem Speer nicht so weit und kraftvoll ausholen. Jedes Mal, wenn die Robbe sich bewegt, hält er inne, wartet einen Moment, dann rutscht er wieder ein Stück auf sie zu. Sie ist aufmerksam, vielleicht misstrauisch. Nun dreht sie sich auf den Bauch und schaut in seine Richtung. Allaq verharrt bewegungslos. Nach einer Weile rutscht er langsam weiter auf sie zu. Immer, wenn sich die Robbe Richtung Eiskante bewegt, hält er inne. Wieder schiebt er sich eine Armlänge nach vorne. Die Robbe hebt den Kopf in seine Richtung. Hätte er doch nur einen Bogen mit Pfeilen, dann könnte er jetzt schon einen Schuss versuchen. Aber mit der Harpune muss er noch näher heran. Die Pfeilspitze kratzt über das Eis, langsam hebt er sie an. Die Robbe beobachtet Allaq aufmerksam. Jeden Moment kann sie ins Meer springen. Wieder kriecht er ein Stück näher. Allaq richtet seinen Oberkörper auf, wie das auch die Robben und Walrosse tun, dabei zieht er den rechten Arm mit der Harpune so weit wie möglich zurück, um ihn mit Schwung nach vorne schleudern zu können. Wenn er trifft, hat die Robbe keine Chance mehr. Selbst wenn sie ins Wasser fällt, kann er sie mit der Schnur an der Harpune herausziehen.

Allaq zielt. Seine ganze Kraft legt er in den Wurf. Der Speer fliegt auf die Robbe zu. Doch die Robbe hat sich schon im Moment des Wegschleuderns zur Seite rollen lassen und taucht weg. Die Harpune verfehlt ihr Ziel und platscht ins Wasser. Allaq steht auf, geht zur Eiskante und zieht sie an der Schnur heraus.

Die Jagd war nicht erfolgreich. Allaq weiß, auch Nanuk, dem Eisbär, entwischt Beute. So ist die Jagd. Aber der Hunger bleibt, die Krämpfe im Bauch sind stärker geworden. Er bemerkt den Wolf, der sich lautlos genähert hat und jetzt neben ihm auf das Meer schaut. Auch er ist hungrig.

„Irgendwann werden wir Jagdglück haben", sagt Allaq. „Ziehen wir weiter."

Es dauert nicht mehr lange, bis die Polarnacht hereinbricht. Diesmal will Allaq besser gerüstet sein. Er muss ein Iglu bauen, nur so groß, dass er gerade hineinpasst. Die Nacht wird wieder kalt werden. Er schlägt den Weg ins Landesinnere ein. In der Nähe der schroffen Eisfelsen findet er Schnee, der hart genug ist, um Blöcke daraus zu formen. Der Wolf beobachtet ihn dabei. Immer wieder reckt er die Nasenspitze in die Luft. Er wittert und wird ihn warnen, wenn sich ein Nanuk nähert.

Nach einer Weile hat Allaq den letzten Eisblock mit seinem Messer geformt und in die Mitte des Daches eingepasst. Seinen Durst stillt er mit Schnee, der in seinem Mund zu Wasser schmilzt. Bald muss er etwas essen, sonst wird er schwächer und dann kann er nicht mehr jagen und wird verhungern. Aber er verdrängt die Angst, denn sie lähmt ihn.

Sein Iglu ist nicht so gemütlich wie es das Haus seiner Eltern im Lager war. Allaq hat auch keine Felle, um sich daraufzulegen. Den Eingang hat er so klein gehalten, dass er gerade eben hineinkriechen kann. Somit dringt nur wenig kalte Luft hinein.

Allaq hat dem Wolf den Namen *Amarok* gegeben. Der hat neben dem Eingang mit seinen Pfoten eine

Vertiefung gegraben und sich hineingelegt. Sein buschiger Schwanz ruht auf seiner Schnauze. So schützen sich auch die Schlittenhunde vor dem kalten Wind der Nacht. Allaq betrachtet seinen Gefährten. Es ist schön, dass er da ist. In seiner Einsamkeit fühlt sich Allaq doch nicht ganz allein.

Die Sonne ist untergegangen. Dunkel und still liegt das Polarmeer vor Allaq und verliert sich am Horizont in der Schwärze des Nachthimmels. Der Mond bescheint die Eisberge, die als stumme Riesen durch das Wasser ziehen. Jeder von ihnen hat eine andere Form. Allaq sitzt vor dem Iglu und betrachtet sie. Die Sterne spiegeln sich in den kleinen Eisschollen jenseits der Eiskante und lassen sie auf dem Wasser glitzern.

Und dann überzieht ein tanzendes Licht den Himmel. Grüne, rote, blaue und violette Farben formen sich zu Flächen, Linien und Punkten, verbinden sich, gehen auseinander, bedecken den Himmel, zucken, huschen, verschwinden, kommen wieder. Das Meer und das Eis werden in alle Farben getaucht. Ständig verändert sich das Licht. Die ganze Welt um Allaq ist zu einem pulsierenden Farbenspiel geworden.

Allaq erinnert sich an die Worte des Fisches: „Deine Eltern sind zum Nordlicht gegangen. Du wirst ihre Seelen am Himmel tanzen sehen."

„Tanzt du dort oben für mich, Mama?", fragt Allaq in

die Nacht. Die Antwort ist ein Fächer aus grünen Licht-streifen, der sich über den gesamten Himmel legt. Allaq schaut und schaut, sein Herz hüpft vor Freude über die Schönheit des Nachthimmels und gleichzeitig laufen ihm Tränen die Wangen hinab, weil er Mutter und Vater so vermisst.

Nach einer Weile wird er müde, zwängt sich durch den schmalen Eingang seines Iglus, legt sich hin und fällt erschöpft in einen traumlosen Schlaf.

◆◇◆◇◆◇◆

Kapitel 4
Der Eisbär

Allaq wird vom leisen Winseln des Wolfes vor dem Eingang seines Iglus wach. Gähnend reckt er sich, kriecht auf allen vieren zur Öffnung und steckt den Kopf hindurch. Der Wolf steht da, sein Schwanz ist zwischen seinen Hinterbeinen eingeklemmt und er hat seine Ohren angelegt. Das heißt, er wittert Gefahr und hat Angst. Allaq schaut sich um und sein Herz schlägt schneller. Vom Land her trottet ein Eisbär in Richtung Eiskante. Der Abstand ist so groß, dass das Tier nicht größer als seine Hand zu sein scheint.

„Komm, Amarok, hier hinein, schnell!", zischt Allaq. Der Wolf versteht ihn sofort. Allaq lässt ihn in das Innere des Iglus. Dann kriecht er wieder zum Eingang, um den Eisbär im Auge zu behalten. Wenn er ihn und den Wolf wittert, sind sie auch im Iglu nicht mehr sicher.

Der Nanuk wird so lange an den Eiswänden kratzen, bis er seine Beute erlegen kann. Das weiß auch der Wolf. Er gibt ein leises, ängstliches Jaulen von sich.

Allaq kann im Moment nicht mehr tun, als den Eisbären zu beobachten. Wieder steht der Wind günstig, er kann den Menschen nicht wittern. Der Bär geht mit kraftvollen, federnden Bewegungen Richtung Eiskante. Er ist auf der Suche nach Beute. „Nanuk ist immer auf der Jagd", hatte sein Vater ihm erklärt. „Er ist nicht böse. Er ist wie wir, er tötet, um zu überleben."

Der Eisbär ist stehen geblieben und hält die Nase in die Luft. Jetzt schaut er sich um. Sein Blick scheint einen Moment auf Allaq und sein Iglu gerichtet zu sein. Aber Allaq weiß, er erkennt aus dieser Entfernung nur eine Erhebung im Boden, wie ein kleiner Hügel. Seinen Kopf wird er für einen Stein halten, so lange ihn Allaq nicht bewegt.

Der Nanuk trottet weiter Richtung Eiskante. Allaq vermutet, dass er auf eine unaufmerksame Robbe hofft, die im falschen Moment den Kopf aus dem Wasser streckt. Auch der Nanuk kann sehr lange bewegungslos auf seine Chance warten. Von ihm haben die Inuit das Jagen am Eisloch gelernt. Und solange er dort steht, kann Allaq sein Iglu nicht verlassen und muss hoffen, dass der Wind nicht dreht.

Allaq erinnert sich an ein Erlebnis im letzten Frühjahr. Seine Mutter hatte beim Gedanken daran immer laut lachen müssen. „Wisst ihr noch, der Nanuk, der uns beim Eiersammeln besucht hat?", hatte sie gefragt. Das ganze Lager war an die Flussmündungen gewandert, um Eidereneier zu sammeln. Alle Lagerbewohner schwärmten aus, sammelten fleißig Eier aus den Nestern und legten sie in unzähligen mit- gebrachten Eimern und Körben ab. Sie gaben sich Mühe, die Nes- ter der Enten nicht zu berühren oder gar zu zerstören, damit die Tiere bald wieder neue Eier legen und brüten konnten. Abends hatten die Männer Iglus gebaut und am nächsten Tag wollten sie in der Frühe heimkehren. Gemeinsam aßen sie einige der köstlichen Eier. Es war ein Festessen nach dem lan- gen Winter, in dem sie sich fast nur von Robben- und Karibufleisch ernährt hatten.

Am nächsten Morgen wurde Allaq von lauten Stimmen vor dem Iglu geweckt. Als er hinaustrat, standen alle um die Eierbehälter herum. Viele Eier waren verschwunden und der Rest eine Matsche aus Dotter und Schalen. Die Fußspuren verrieten den Eierdieb: Ein Eisbär war in der Nacht gekommen und hatte sich über die leichte Beute hergemacht.

„Glücklicher Nanuk", hatte sein Vater mit einem Lächeln gesagt.

▲▼▲▼▲▼▲▼

Der Bär hat die Eiskante erreicht und schaut auf das Wasser, in dem große Eisschollen vorbeischwimmen. Auf einigen liegen Robben, die scheinbar gelangweilt zu dem Eisbären hinüberblicken. Sie müssen ihn im Wasser nicht fürchten, denn sie können schneller schwimmen als er. Nur auf dem Land sind sie ihm hilflos ausgeliefert.

Allaq erwägt für einen Moment, die Flucht zu ergreifen. Aber er verwirft diesen Gedanken sofort wieder. Sollte der Eisbär auf ihn aufmerksam werden, hat Allaq keine Chance. Der Bär ist viel schneller als er. Und seine Harpune ist keine Waffe gegen einen Nanuk.

Das Tier dreht den Kopf wieder in seine Richtung. Allaq hält den Atem an. Vielleicht hat der Nanuk das Winseln des Wolfes eben gehört. Oder der Wind hat gedreht. Langsam trottet der Nanuk mit federnden

Schritten auf das Iglu zu. Wie stark müssen seine Muskeln sein, dass sie einen Körper, der schwerer ist als zehn Jäger, so leicht tragen. Allaqs Gedanken rasen. Er hat keine Chance zu fliehen. Aber er hat auch keine Chance bei einem Kampf. Das weiß Allaq. Und dennoch wird er sich niemals ergeben. Er stellt sich vor das Iglu, die Harpune fest in beiden Händen. Hinter ihm kriecht der Wolf heraus, stellt sich neben Allaq und knurrt den Eisbären an, der jetzt innehält. Der Nanuk ist unschlüssig, was er tun will. Er kennt keine Angst, denn er muss niemanden fürchten, schon gar nicht einen Menschen oder einen Wolf.

„Hau ab, Wolf! Lauf weg!", sagt Allaq leise. „Du bist schneller und ausdauernder als er."

Der Wolf schaut zu ihm hoch, rührt sich aber nicht. „Los, hau endlich ab!", zischt Allaq. Er stupst ihn mit dem stumpfen Ende der Harpune an. Der Wolf schaut zu dem Eisbär, der wieder nähergekommen ist, sich auf seine Hinterpfoten stellt, und die Nase in den Wind hält. Über die Witterung will er herausfinden, wen er da vor sich hat. Nun richtet er seine kleinen schwarzen Augen wieder auf Allaq und den Wolf. Allaq schaut ihn an. Sollte der Eisbär auf ihn zurennen, wird er die Harpune mit aller Kraft in seine Brust rammen. Allaq hat eine kleine Überlebenschance, wenn er genau das Herz trifft. Die Chance ist gering. Ein einziger Tatzenhieb genügt, um ihm die Harpune vorher aus der Hand zu

 46

schleudern. Er weiß, der Nanuk greift immer mit der linken Pranke an. Auf die muss er achten. Aber wenn sich der Bär beim Angriff nicht aufrichtet, hat er auch keine Möglichkeit, sein Herz zu treffen. Er kann noch auf seine offene Schnauze zielen, dort ist er empfindlich.

Der Nanuk kommt jetzt mit schnellen Schritten auf seine Opfer zugelaufen. Allaq spannt die Muskeln an. Er kann das Pochen seines Herzens in der Brust spüren.

Der Wolf neben ihm beginnt plötzlich zu knurren und rennt auf den Eisbären zu. Der hält in der Bewegung inne. Der Nanuk ist offensichtlich verunsichert, weil seine Beute ihm entgegenkommt, statt zu fliehen. Außerhalb der Reichweite seiner Tatzen bleibt der Wolf stehen und knurrt den Nanuk mit gefletschten Zähnen an. Der Bär richtet sich auf und lässt ein fürchterliches Brüllen los. Jeden Moment wird er sich auf den Wolf stürzen. Allaq kann die vielen spitzen Zähne in seinem aufgerissenen Maul sehen. Als der Bär auf den Wolf springen will, macht dieser einen Satz zur Seite und rennt an der Eiskante entlang von Allaq weg. Der Bär folgt ihm ein paar Sprünge weit, dann bleibt er stehen. Der Wolf schaut sich um. Als er erkennt, dass der Bär von ihm ablässt, läuft er ihm wieder ein paar Schritte entgegen.

Allaq begreift, dass der Wolf den Eisbären von ihm weglocken will. Und die List seines Gefährten scheint

Erfolg zu haben. Der Bär startet einen erneuten Angriff und rennt hinter dem Wolf her, wodurch sich die Entfernung zu Allaq weiter vergrößert. Der Nanuk hat ihm inzwischen den Rücken zugedreht. Er hat nur noch Augen für den Wolf, der so ungewöhnlich handelt und den Bären reizt, ihm hinterherzujagen. Immer wieder bleibt der Wolf stehen und knurrt den Nanuk an. Am Brüllen kann Allaq erkennen, wie wütend der Bär inzwischen ist.

Aber da Allaq nicht weiß, wie lange die List des Wolfes erfolgreich bleibt, muss er handeln. Er dreht sich um und rennt an der Eiskante in sicherem Abstand zum Wasser in die entgegengesetzte Richtung davon. Er läuft und läuft, auch dann noch, als seine Lunge zu brennen scheint. Irgendwann schaut er sich um. Der Bär ist nicht mehr zu sehen.

Der Wolf hat ihm das Leben gerettet.

 **Kapitel 5**
Die Orcas

Allaq fällt in ein schleppendes Schritttempo. Der Eisbär ist ihm nicht gefolgt. Sein rasendes Herz und seine rasselnde Lunge beruhigen sich nur langsam. Der Himmel über ihm ist zu einem schmutzigen Grau geworden. Der Wind frischt auf. Einen halben Tag ist Allaq nun fast ohne Pause unterwegs. Noch schneit es nicht, aber er spürt, viel Schnee wird fallen. Und die Dämmerung setzt auch bald ein.

Wieder eine Nacht ohne Essen, und er muss sich Gedanken machen, wie er sich vor dem aufziehenden Unwetter schützen soll. Doch wenn Allaq nicht bald etwas zu essen bekommt, wird ihn sowieso der Hunger töten.

Um den Wolf braucht er sich nicht zu sorgen. Der Nanuk wird ihn nicht einholen, wenn der Wolf keinen Fehler macht.

Allaq zwingt sich zu einem zügigen Schritt, obwohl sich seine Beine von Müdigkeit und Hunger schwer anfühlen. Bevor es zu dunkel wird, schneidet er mit seinem Messer Eisblöcke zurecht und baut ein Iglu. Das ist wieder mühsam. Auch vermisst er die Möglichkeit, Feuer zu machen.

Als er mit dem Bau fertig ist, beginnt es zu schneien. Allaq kriecht in sein Iglu. Ihm fehlt sein tierischer Gefährte. Er bittet die Meeresgöttin Sedna, sie möge den Wolf beschützen, der ihm das Leben gerettet hat. Obwohl Allaq müde ist, kann er nicht einschlafen. Die Einsamkeit legt sich wie eine eiskalte Decke über ihn. Wie gerne würde er sich an die Schulter seiner Mutter lehnen und einschlafen. Nie mehr kann er das tun. Nie mehr kann er seinen Vater um Rat fragen. Seine Eltern sind fort, für immer. Und er ist allein. Angst schleicht sich in seine Gedanken, die Angst vor dem Alleinsein, die Angst vor dem Hunger, die Angst, sein Ziel nicht zu erreichen, das er nicht einmal kennt. Sein Herz rast. Er muss sich irgendwie ablenken. Ihm fällt die Flöte ein, die er im Lager seiner Eltern gefunden hat. Der Fisch hatte ihm gesagt, er solle sie mitnehmen und dürfe sie nicht verlieren. Allaq zieht seine Robbenfellhandschuhe aus, nimmt das Instrument aus der Tasche, setzt es an die Lippen, legt die Finger auf die Löcher und bläst in das Mundstück. Er spielt, und der Flöte entströmt eine Melodie. Er hat sie noch nie vorher vernommen. Sie entsteht erst in diesem Moment. Eine traurige Melodie, sie klingt so verzweifelt, wie Allaq sich fühlt.

Nach einer Weile sind die Finger so kalt, dass er die Handschuhe wieder anziehen muss. Sorgfältig verstaut er die Flöte in seiner Tasche und schläft endlich ein.

Bauchkrämpfe wecken ihn unsanft. Sein Körper fordert schmerzhaft etwas zu essen. Er muss es aushalten.

Nur sehr spärliches Licht dringt in das Iglu. Allaq schaut zum Eingang und weiß sofort, warum. Der Eingang ist über Nacht zugeschneit. Es braucht eine Weile, bis er ihn mit seinen Händen freigeschaufelt hat. Als er endlich den Himmel sehen kann, zeigt dieser sich in einem strahlenden, satten Blau. Keine Wolke ist am Himmel. Allaq dreht sich vor dem Iglu langsam um die eigene Achse. Der frisch gefallene Schnee glitzert und funkelt in der Sonne. Allaq setzt seine Schneebrille auf und stapft mit der Harpune in der Hand Richtung Meer.

Die Eisdecke unter ihm zeigt Risse. Aufmerksam lauscht er bei jedem Schritt auf die Geräusche, die der Boden unter ihm macht. Sein Vater hat ihn gelehrt, darauf zu achten. „Das Eis spricht zu dir. Am Klang des Schrittes kannst du erkennen, ob es dich trägt", hatte er Allaq erklärt. „In der Zeit des frostzerrissenen Bodens musst du besonders aufmerksam sein. Den einen Tag ist der Boden stark genug, am nächsten läufst du durch Pfützen und musst über Risse im Eis springen."

Aber der Boden trägt ihn sicher.

Heute schwimmen große Eisschollen im Meer. Auf einigen liegen Robben. Ausgelassen springen sie ins Wasser und klettern wieder zurück auf die Eisscholle. Es sieht aus, als spielten sie ein Spiel, dessen Regeln Allaq nicht begreift. Was gäbe er darum, eine der Robben erjagen zu können.

Weiter draußen im Meer treibt ein riesiges Gletscherstück vorbei. Allaq kann die tiefen, blauen, kantigen Furchen erkennen. Allein auf dem Teil, der aus dem Wasser ragt, hätte das Lager seiner Eltern leicht Platz gefunden.

Von dem Gletscher geht ein dunkles, bedrohliches Rumoren aus. Allaq weiß, was gleich passiert. Mit einem tiefen und lauten Krachen löst sich eine ganze Wand des Eisberges und rutscht, begleitet von mehreren Lawinen und Schneebrocken, mit einem ohrenbetäubenden Donnern ins eisblaue Meer. Schäumende Wassermassen schießen beim Eintauchen des Gletscherstückes in die Höhe. Eine Welle breitet sich aus und erfasst die Schollen, auf denen die Robben liegen. Einige der Tiere rutschen herunter, andere können sich mit aufgeregtem Rudern ihrer Flossen gerade noch halten. Es sieht lustig aus und Allaq freut sich über den Anblick.

Dann erregen andere Bewegungen im Wasser seine Aufmerksamkeit. Allaq hat sie spät entdeckt, weil er

Orca

von dem zerbrechenden Gletscher und der Welle abgelenkt war. So geht es auch den Robben, die noch nicht zu ahnen scheinen, dass sie in höchster Lebensgefahr sind, denn vom Meer her nähern sich drei Orcas. Ihre Finnen, die so groß wie ein ausgewachsener Mensch sind, ragen aus dem Wasser. Ihr Ziel sind die Robben auf den Eisschollen. Noch nie hat Allaq beobachten können, wie Orcas Robben jagen.

Finne

▲▽▲▽▲▽▲▽

Es sind gefährliche und schlaue Jäger, hatte ihm sein Vater erklärt. „An Land ist der Nanuk unser größter Feind, im Wasser ist es der Orca." Die gigantischen Meeresräuber greifen die Jäger an, wenn sie auf dem Wasser Narwale jagen, ja, sie attackieren sogar die Boote der Menschen und bringen sie zum Kentern. Auch die Jäger im Lager hatten im Licht der warmen Tranlampe im Qarmaq viele Geschichten von den schlauen Räubern erzählt. Und sie erzählten von Jägern, die der Orca für immer in die Tiefen des Meeres gezogen hatte. Allaq hatte mit einem Schaudern zugehört. Und nachts träumte er, dass ihn ein Orca unter Wasser angriff und auffraß.

⚠⚠⚠⚠⚠

Die Robben haben die herannahenden Feinde entdeckt. Die Tiere, die noch im Wasser sind, springen auf die Eisschollen. Plötzlich sind die Finnen der Orcas nicht mehr zu sehen. Einen Augenblick später tauchen die Orcas nebeneinander schwimmend auf. Aus ihren Fluken sprühen Wasserfontänen. Allaq betrachtet voller Bewunderung die massigen schwarzen Körper mit den weißen Flecken hinter den kleinen Augen. Es sind gigantische Tiere. Vom Maul bis zur Schwanzflosse sind sie länger als fünf ausgewachsene Männer. Mit ihrer gewölbten breiten Stirn bauen sie eine Welle auf, die sie auf die Eisscholle zuschieben, auf der sich die meisten Robben aufhalten. Kurz vor der Eisscholle tauchen die Orcas ab. Als die Welle auf die Scholle kracht, werden viele der Robben einfach heruntergespült, einige wenige können sich halten. Panisch springen die heruntergerutschten Robben wieder auf die schwimmende Insel.

Die Orcas starten den nächsten Angriff auf die gleiche Weise. Diesmal hat es eine Robbe erwischt. Allaq sieht, wie sich neben der Scholle das Wasser rot färbt.

Von der anderen Seite schwimmen weitere Orcas heran.

Dann taucht ein einzelner Wal mit seinem ganzen Körper aus dem Wasser. Trotz seines gigantischen Gewichts fliegt er scheinbar schwerelos durch die Luft und landet mit seinem massigen Körper auf der Eisscholle, die im nächsten Moment in viele Stücke zerbricht. Die Robben werden durch die Luft geschleudert und platschen ins Meer, wo sich die gnadenlosen Räuber auf ihre Beute stürzen.

Das Meer wirkt jetzt wie eine blutrote Suppe. Viele der Robben versuchen, das Festland zu erreichen. Sie schwimmen direkt auf die Stelle zu, von der aus Allaq das Schauspiel beobachtet.

Obwohl die Robben, die es bis an Land schaffen, nun eine leichte Beute für Allaq wären, muss er einen möglichst großen Abstand zwischen sich und die Eiskante bringen. Ein Orca könnte auf der

Jagd sogar einige Meter weit auf das Eis springen und es an der Kante zermalmen, sodass Allaq ertrinken würde. Oder aber der Orca ließe sich genau auf ihn fallen.

Allaq geht rückwärts und beobachtet das Geschehen, hofft auf Jagdglück für sich, auch wenn er jetzt noch nicht weiß, wie er den Angriff der Wale für sich nutzen könnte.

Einige der Robben haben sich auf das Festland retten können. Direkt davor sprudelt das Wasser. Ein Orca taucht kurz mit einer Robbe in seinem zahnreichen Maul auf. Das zappelnde Tier hat keine Chance mehr. Dann entdeckt Allaq eine Robbe an Land, die sich mühsam in seine Richtung schleppt. Dabei hinterlässt sie eine blutrote Spur auf dem Eis. Offensichtlich ist sie verletzt, konnte aber den Räubern noch entwischen.

Die Wale haben sich satt gefressen und tauchen ab. Viele Robben, die sich retten konnten, sitzen an der Eiskante und erholen sich von dem Schrecken. Wenn Allaq sich nähert, werden sie sofort ins Wasser springen. Aber die verletzte Robbe kann sich nur langsam fortbewegen. Allaq rennt los, die Harpune umfasst er mit beiden Händen. Sein Blick ist fest auf die Beute gerichtet. Sie darf ihm nicht entwischen. Aus den Augenwinkeln sieht er die anderen Tiere ins Meer springen. Auch die verletzte Robbe hat den heranstürmenden Jäger entdeckt und schleppt sich mühsam zurück zur Eiskante. Noch zwei oder drei Schritte, dann hat Allaq das Tier erreicht. Er hebt die Harpune und erlegt seine Beute mit einem gezielten Stoß ins Herz.

Allaq träufelt dem Tier Wasser aus einer Pfütze in das Maul. Er dankt auf diese Weise Sedna, der Meeresgöttin, dass sie ihm die Robbe geschenkt hat, damit er nicht verhungern muss. Anschließend schneidet er das Tier mit dem Messer auf, so wie er es von Mutter und Vater gelernt hat. Er isst sich an Ort und Stelle satt. Sein Magen scheint vor Freude zu tanzen. Wie lange schon hat er nichts mehr gegessen? Mit jedem Bissen spürt Allaq, wie die Kraft wieder zurück in seinen Körper strömt.

Er muss so viel essen, wie gerade in seinen Magen passt, denn er kann nichts davon mitnehmen. In kürzester Zeit wäre das Fleisch gefroren und er könnte es nur mit einem Feuer auftauen, aber Feuer hat er keines.

Nachdem er sich satt gegessen hat, geht er mit neuem Mut zurück zum Iglu, holt seine Tasche und nimmt den Marsch entlang der Eiskante wieder auf. Er ist nicht verhungert. Die Hoffnung und auch das Fleisch der Robbe geben ihm Kraft. Und irgendwann muss er doch einmal einen Menschen treffen.

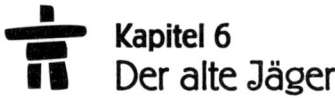
Kapitel 6
Der alte Jäger

Allaq nimmt sich vor, den ganzen Tag zu marschieren. Die Sonne scheint. Das Meer leuchtet in einem tiefen Blau. Die verschneite Landschaft breitet sich vor ihm aus und er genießt die Stille der Eiswüste.

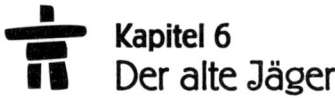

Einmal ist ein Wanderer in ihr Lager gekommen und hat behauptet, es gäbe Orte sehr weit entfernt, in denen so viele Menschen leben wie in allen Inuit-Lagern zusammen. Und dort sei es so heiß, dass die Menschen fast ohne Kleidung herumliefen. Diese Menschen wüssten nicht, was Schnee ist, dort gäbe es aber unheimliche Tiere, mit Ohren so groß wie ein ausgebreitetes Karibufell. Sie trügen einen Schwanz mitten im Gesicht, mit dem sie trinken oder etwas

festhalten könnten. Der Schwanz sei länger als eine Harpune.

Alle hatten sich versammelt, den Erzählungen des Besuchers neugierig zugehört und immer wieder gelacht. Aber sie hatten ihm natürlich kein Wort geglaubt.

△▽△▽△▽△▽

Allaq sehnt sich nach seinen Eltern. Er würde jetzt gerne neben seiner Mutter sitzen und den Kopf an ihre Schulter lehnen. Sie würde ihren Arm um ihn legen und fragen, ob sie eine Geschichte erzählen solle. Im wärmenden Schein der Tranlampe hatte die Mutter beinahe jeden Abend Geschichten erzählt. Auch die von Kiviuk, dem Helden vieler ihrer Erzählungen. Allaq wollte sie immer wieder hören, besonders die, wie Kiviuk zum Reisenden wurde.

In den alten Tagen, als die Leute noch anders waren als heute, lebte Kiviuk mit seiner Frau und seinem Sohn in einem Lager weit entfernt. Alle liebten Kiviuk, weil er immer hilfsbereit war und den Menschen zuhören konnte, wenn sie Sorgen hatten. In dem Lager lebte auch ein kleiner Junge mit seiner Großmutter. Die Großmutter war so arm, dass sie ihrem Enkel nicht einmal Kleidung aus Robbenfell nähen konnte. Deshalb hatte sie

59

ihm ein Hemd aus dem Balg von Möwen genäht.
Die anderen Kinder machten sich lustig über seine
Armut und seine Kleidung, zerrissen ihm sogar das
Hemd.

Der Junge lief weinend nach Hause. Die Großmutter tröstete ihn, flickte das Hemd und schickte ihn
wieder zum Spielen hinaus.

Aber die anderen Kinder ärgerten ihn jeden Tag,
machten sich einen Spaß daraus, ihm immer wieder das Hemd zu zerreißen, wenn die Großmutter
es gerade geflickt hatte.

Nur der Sohn von Kiviuk beteiligte sich nicht an
dem grausamen Spiel der anderen Kinder. Er
nahm den Jungen sogar in Schutz. „Warum seid ihr
so böse zu ihm? Er hat euch nichts getan und für
seine Armut kann er nichts."

Die Kinder lachten Kiviuks Sohn aus und drohten
ihm, er solle den Mund halten, sonst würden sie
auch ihm das Hemd zerreißen.

Eines Tages ging der Großmutter der Faden aus.
Sie konnte sich keinen neuen leisten und das Hemd
nicht mehr reparieren. Der Junge weinte, weil er
nicht mehr nach draußen gehen wollte. Die anderen Kinder würden sich noch mehr über ihn lustig
machen.

Die Großmutter war traurig, dass sie ihrem Enkel
nicht helfen konnte. Zudem war sie wütend, dass

die Kinder den Jungen so schlecht behandelten. Die Lagerbewohner wussten nicht, dass die Großmutter eine Angakkuq, eine Schamanin war, die über besondere Kräfte verfügte.

Eines Tages beschloss die Großmutter, sich an den Eltern der Kinder, die ihren Enkel so gequält hatten, zu rächen. Sie sprach zu ihm: „Ich werde dich in eine Robbe verwandeln. Man wird dich jagen. Hab keine Angst, ich werde dich beschützen und bald wieder zurückverwandeln."

Zu der Zeit waren alle Lagerbewohner zu den Flussmündungen gezogen, um Fische und Seehunde zu jagen. Nun tauchte im Fluss eine junge Robbe auf. Als die Jäger sie entdeckten, sprangen sie in die Kajaks, um das Tier zu erbeuten. Auch Kiviuk war unter ihnen.

Die junge Robbe, die niemand anderes als der Enkel der Schamanin war, lockte die Jäger mit ihren Kajaks ins offene Meer. Als sie weit vom Ufer weg waren, brach ein schrecklicher Sturm los. Die Wellen türmten sich vor den Jägern auf, krachten in die Boote, zertrümmerten sie oder brachten sie zum Kentern.

Auch Kiviuk kämpfte mit dem Sturm. Sein Kajak schlingerte bedrohlich. Geschickt wich er den Wellen aus,

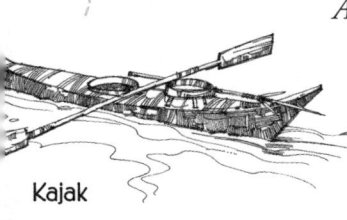

Kajak

61

dennoch lief sein Boot immer wieder voll Wasser. Er dachte an seinen Sohn und an seine Frau, die er vielleicht nie wiedersehen würde, wenn der Sturm auch sein Kajak zum Kentern brachte. Eine Welle ergoss sich in sein Boot und es lief voll. Mit den bloßen Händen schöpfte er es wieder leer, musste aber immer wieder unterbrechen und mit den Paddeln das Boot auf einen Kurs setzen, der ihn nicht noch stärker den Sturmwellen aussetzte.

Inzwischen waren alle anderen Jäger ertrunken.

Als Kiviuk das Wasser fast vollständig aus dem Boot geschöpft hatte, sah er etwas Glitzerndes vor seinen Füßen. Er hob es auf und betrachtete es genau. Es war ein Amulett aus glänzender Vogelhaut. Weil auch Kiviuk ein Schamane war, wusste er, dass es ihm jemand zum Schutz ins Kajak gelegt haben musste. So war es auch: Die Schamanin wollte Kiviuk schützen, weil sein Sohn sich nicht an den grausamen Hänseleien der anderen Kinder beteiligt hatte.

Endlich nahm der Sturm ab, doch Kiviuk hatte die Orientierung verloren. Er wusste nicht mehr, in welcher Richtung die heimatliche Küste lag. Er paddelte und paddelte und wurde so zum Wanderer auf den Meeren.

Die junge Robbe aber schwamm zurück ins Zeltlager. Dort verwandelte sie sich wieder in den Enkel *der Angakkuq. Ab diesem Zeitpunkt wurde er nie mehr gehänselt, niemand zerriss ihm das Hemd, und er wurde sogar einer der stärksten Jungen im Lager.*

Allaq fühlt sich wie Kiviuk. Geheimnisvolle Mächte schützen ihn, schickten ihm den Fisch, der ihm gute Ratschläge gab, und einen Wolf, der ihn vor dem Erfrieren und dem Nanuk rettete. Sie schickten ihm die gefährlichen Orcas, die eine verletzte Robbe vor seine Füße trieben, gerade noch rechtzeitig, sodass er nicht verhungern musste.

Der Marsch ist beschwerlicher geworden. Immer wieder muss Allaq Eishügel erklimmen, die sich an der Eiskante dadurch bilden, dass sich Schollen lösen, durch Wellen des Meeres übereinandergeschoben werden und wieder zusammenfrieren. Allaq kann nicht weit blicken. Ab und an schaut er zurück, ob der Wolf zurückgekehrt ist, aber um ihn herum ist alles leblos und still. Er scheint das einzige atmende Lebewesen in diesem Landstrich zu sein.

Allaq legt eine Rast ein. Er setzt sich nach Inuitart auf die eigenen Beine, um seinen Körper vor der Kälte des Bodens zu schützen, und schaut auf das Meer. Viel Packeis schwimmt im Wasser vorbei, ein Zeichen, dass der Frühling naht. Die Sonne ist weitergewandert und scheint ihm ins Gesicht.

Zwischen den Packeisschollen taucht eine Gruppe Narwale auf. Ihre Stoßzähne, länger als zwei ausgewachsene Menschen, ragen aus dem Wasser. Manchmal stoßen sie damit aneinander und Allaq kann das Klackern hören. Es sind friedliche Tiere. Abgesehen von den Orcas haben die Narwale nur noch den Menschen zum Feind.

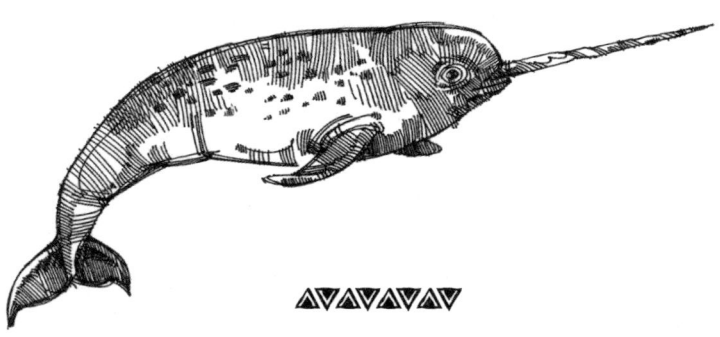

Sein Vater war mit den anderen Jägern des Lagers immer im späten Frühjahr auf Narwaljagd gegangen. Es war gefährlich, denn die riesige Schwanzflosse konnte ein Kajak zum Kentern bringen. Seine Mutter hatte erst wieder schlafen können, wenn Allaqs Vater zurückgekehrt war. Einmal hatte Allaq vom Ufer aus zuschauen dürfen. Die Kajaks der Jäger verteilten sich auf dem Meer, suchten Schutz neben Schollen, und verharrten stundenlang reglos auf dem Wasser, bis ein Beutetier auftauchte. Dann ging alles sehr schnell. Der Jäger, der dem Narwal am nächsten war, schoss hinter einer Scholle hervor, fuhr so nah wie möglich heran und versenkte

seine Harpune im Körper des Tieres. Die anderen Männer waren in ihren Kajaks schon unterwegs, um ihn zu unterstützen. Kurze Zeit später zogen sie den Wal mit vereinten Kräften aus dem Wasser und schnitten ihn in Stücke. Nun war eine Weile für alle genug zu essen da. Die Walhaut ließ sich für den Bau von Zelten verwenden, außerdem war sie sehr gesund und gut für die Zähne. Der Tran erhellte und wärmte die Qarmaqs, und den langen Stoßzahn konnte man als Zeltstange oder für den Schlittenbau verwenden. Abends beim Festmahl erzählten die Jäger immer wieder aufs Neue, wie sie den Wal erlegt hatten, bis sie irgendwann erschöpft von der Jagd einschliefen. Allaq hatte ihnen gespannt zugehört und sich darauf gefreut, eines Tages die Jäger begleiten und mitjagen zu dürfen.

◢◣◢◣◢◣◢◣

Niemals mehr würde er das mit seinem Vater gemeinsam erleben können. Die Sehnsucht nach seinem Vater kommt mit Macht und will ihn ausfüllen. Er schluckt. Er darf sich nicht der Trauer hingeben, denn sie macht ihn schwach und dann ist er verloren. Allaq steht auf und schaut auf das Meer. Die Narwale tauchen wieder ab.

Allaq erkennt am tiefen Sonnenstand, dass er nicht mehr lange marschieren kann, sondern bald wieder mit dem Bau eines Iglus beginnen muss. Er mustert die

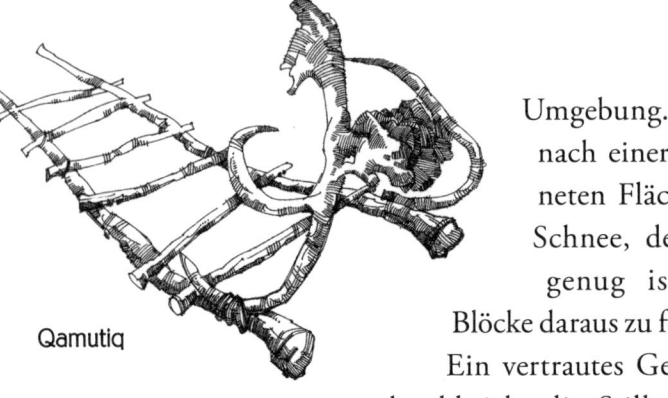

Qamutiq

Umgebung. Sucht nach einer geeigneten Fläche mit Schnee, der hart genug ist, um Blöcke daraus zu formen. Ein vertrautes Geräusch durchbricht die Stille. Allaq schaut in Richtung Landesinnere. Sein Herz schlägt schneller vor Freude. Ein Qamutiq kommt genau auf ihn zu. Der Mann, der darauf sitzt, feuert die acht Hunde an, die fächerförmig angespannt sind. Sie rennen, als wäre ein Nanuk hinter ihnen her. Der Mann winkt Allaq zu und der winkt freudig zurück. Endlich, endlich trifft er auf einen Menschen.

Der Schlitten kommt schnell näher. Der Mann ruft Befehle und die Hunde kommen genau vor Allaq zum Stehen. Ausgelassen beginnen sie sogleich, miteinander zu raufen. Allaq achtet darauf, ihnen nicht zu nahe zu kommen, denn sie sind wild, haben vielleicht Hunger und ihre Bisse sind schmerzhaft.

Der Mann steigt vom Schlitten. Er ist alt, älter als Allaqs Vater. Auch er trägt einen Karibufell-Parka. Seine Hose ist aus Eisbärfell genäht und seine Schuhe sind aus der Haut einer Robbe gemacht. Freundlich lächelnd kommt er auf Allaq zu und sagt: „Einen sonnigen Tag wünsche ich dir, einsamer Wanderer. Ich heiße Iluak."

Allaq lächelt zurück und antwortet: „Ich heiße Allaq und bin froh, dich zu treffen. Dein Name gefällt mir, denn er bedeutet, dass du ein Mensch bist, der Gutes tut."

Iluak nickt. „So nennt man mich, seit ich denken kann." Er schaut zum Horizont, an dem die Sonne bald versinken wird. „Hast du ein Iglu für die Nacht gebaut?", fragt er.

„Ich wollte gerade damit beginnen", antwortet Allaq.

„Dann wollen wir es gemeinsam tun. Es soll so groß sein, dass wir beide Platz genug zum Schlafen haben." Iluak macht eine Pause und schaut Allaq lange an. Dann sagt er: „Und wenn wir damit fertig sind, erzähle mir, warum ein Jäger, der kein Kind mehr ist, aber auch noch kein Mann, allein wandert."

Iluak schirrt die Hunde aus und pflockt sie so weit voneinander entfernt an, dass sie sich nicht gegenseitig beißen können. Wortlos bauen Allaq und Iluak das Iglu. Sie arbeiten Hand in Hand, ohne sich absprechen zu müssen, denn es ist eine Kunst, die jeder Inuit beherrscht. Sie kommen schnell mit dem Bau voran, weil der alte Mann dazu ein Schneemesser benutzt.

Nachdem das Iglu gebaut ist, schaufelt Iluak Schnee in einen Topf aus Speckstein. „Ich werde Suppe für uns erwärmen", sagt er und trägt den Topf ins Innere. Dann streut er trockenes Moos aus einem kleinen Robbenfellsäckchen auf ein Stück Holz und setzt den Feuerbohrer darauf. Mit beiden Händen dreht er den Bohrer flink hin und her, bis das Moos zu glimmen beginnt. Daran entzündet er die Tranlampe, die das Iglu in ein sanftes Licht taucht. Über die Flamme baut er ein Gestell aus Knochen, auf das er den Topf stellt. Lange wird es dauern, bis die Suppe warm ist. Iluak und Allaq schauen in die kleine Flamme unter dem Topf.

„Du jagst allein, Iluak, das ist ungewöhnlich. Wo sind die anderen Jäger deines Lagers?"

Der alte Mann schaut auf. „Eine geheimnisvolle Krankheit hat das ganze Lager erfasst. Die Angakkuq hat alles versucht, aber auch ihre Hilfsgeister scheinen ratlos zu sein. Die Menschen fühlen sich schwach, können nur liegen, schwitzen plötzlich, obwohl sie zittern vor Kälte. Sogar die Jäger sind zu schwach, um zu jagen. Aus geheimnisvollen Gründen hat mich die Krankheit verschont. Und alle haben Hunger, so bin ich allein losgezogen, um Nahrung herbeizuschaffen. Ich will Robben jagen, Fische fangen. Wenn der Schlitten voll beladen ist, kehre ich heim."

Der Schnee im Topf ist fast geschmolzen. Aber bis die Suppe heiß ist, braucht es noch eine Weile.

68

Iluak legt kleine Scheite in das Feuer, während er fragt: „Warum bist du allein unterwegs? Gibt es in deinem Lager auch eine Krankheit?"

Allaq antwortet mit leiser Stimme: „Nein, alle in meinem Lager sind tot. Ich bin der einzige Überlebende. Sie sind getötet worden von Männern auf Schlitten, die von Geistern gezogen wurden."

Iluak nickt. „Ich habe von solchen Menschen und ihren unheimlichen Schlitten gehört. Sie stehlen die Felle. Mit unsichtbaren Pfeilen aus donnernden Harpunen töten sie Menschen und Tiere." Er macht eine Pause, schaut Allaq lange an, dann fragt er: „Und wo sind deine Eltern?"

Allaqs Stimme überschlägt sich fast: „Meine Mutter ist tot, mein Vater ist tot. Alle sind tot." Zum ersten Mal hat er es ausgesprochen. Er zittert, während er spürt, wie eine Welle von Verzweiflung ihn ertränken will. Er zwingt sich, ruhig zu atmen.

Iluak sagt leise: „Die Traurigkeit muss in deinem Körper wohnen dürfen. Erst wenn du ihr das erlaubst, wird sie dich irgendwann verlassen."

Allaq schaut Iluak an. Der nickt ihm nur zu. Und dann kommt die Traurigkeit, sie ist wie ein Fluss, in dem er schwimmt. Er wehrt sich nicht, lässt sich mitreißen. Lautlos schreit er nach seiner Mutter und seinem Vater. Immer wieder und wieder.

Iluak sitzt
stumm bei ihm
und hört ihm aufmerksam
zu. Es tut Allaq gut, alles zu erzählen. Er erzählt, was er gesehen und erlebt
hat, als er nach der erfolglosen Jagd in sein Lager
heimgekehrt ist und seine toten Eltern entdeckte. Er
erzählt von dem Fisch, der Begegnung mit dem Wolf,
und wie der ihn vor dem Erfrieren und dem Angriff des
Nanuk gerettet hat.

Der alte Mann fühlt irgendwann mit der bloßen Hand
am Topfrand und nickt zufrieden. Er nimmt zwei
Becher, füllt sie mit der dampfenden Köstlichkeit und
reicht einen Allaq. Auch er zieht seine Handschuhe aus
und beide umfassen sie ihre fast heißen Becher mit den
Händen. Vorsichtig nippt Allaq daran. Die Wärme der
Suppe breitet sich in seinem ganzen Körper aus. Nach
ein paar Schlucken sind seine Hände ganz warm.

Allaq stellt die Tasse zur Seite, packt die Flöte aus und
beginnt zu spielen. Stumm hört Iluak zu. Nach einer
Weile legt Allaq das Instrument wieder zur Seite.

„Wer hat dich das Flötespielen gelehrt?"

„Niemand", antwortet Allaq. „Ich habe die Flöte im
Lager gefunden, bevor ich es für immer verließ. Der
Fisch sagte, ich solle sie immer bei mir tragen und dürfe sie nicht verlieren. Einmal, als ich mich allein fühlte
auf der Reise, habe ich zum ersten Mal darauf gespielt."

Iluak schaut ihn lange an. Sein Blick zeigt Erstaunen und Bewunderung. „Du kannst Flöte spielen, ohne es gelernt zu haben. Du kannst mit dem Fisch sprechen und der Wolf schützt dein Leben." Er macht eine Pause, dann sagt er: „Du bist Angakkuq. Du kannst hören und sehen, was andere Menschen nicht wahrnehmen. Die Geister sprechen zu dir und du mit ihnen. Geh in mein Lager und heile die Menschen dort von ihrer Krankheit. Die Geister werden dir helfen. Du bist Angakkuq."

„Wie soll ich das tun? Ich bin ein Junge ohne Eltern, mehr nicht."

„Du bist Angakkuq", wiederholt Iluak. „Sedna beschützt dich, sie hat dich ausgewählt, als Einziger eures Lagers zu überleben. Sie hat dir den Fisch und den Wolf geschickt."

Schweigend trinken sie weiter ihre Suppe. Allaq denkt über die Worte des alten Mannes nach. Der sagt plötzlich in die Stille: „In unserem Lager lebt ein Mädchen. Sie kann auch Flöte spielen. Sie hat es von ihrer Mutter gelernt. Die Mutter ist unsere Angakkuq."

Allaq kommt ein Gedanke. „Heißt das Mädchen Anouk?"

Iluak nickt. „Du kennst sie?"

Allaq erzählt, wie er sie getroffen hat und dass er seitdem immer an sie denken muss.

„Geh in das Lager, Allaq. Anouks Eltern werden dich

aufnehmen, als wärst du ihr Sohn. Anouks Mutter ist eine gute Angakkuq. Mit Hilfe deiner geheimnisvollen Kraft werdet ihr die Krankheit in unserem Lager besiegen."

Allaq durchströmt ein tiefes Gefühl der Freude. Das Glück hat ihm Iluak beschert, der aus dem Lager stammt, in dem Anouk lebt. Stumm spricht er in Gedanken: „Anouk, ich komme zu dir, Anouk."

Nach der zweiten Tasse Suppe sagt Iluak: „Lass uns schlafen. Morgen stehen wir früh auf und gehen zur Jagd. Wir wollen gemeinsam jagen. Mit dir an meiner Seite wird Sedna uns Jagdglück bescheren, denn sie will, dass ihr junger Angakkuq lebt."

Iluak breitet zwei Karibufelle aus. Zum ersten Mal seit Tagen muss Allaq nicht auf dem vereisten Boden schlafen. Sein Körper ist gewärmt von der heißen Suppe und seine Seele ist gewärmt von den Worten des alten Jägers und der Freude, Anouk bald wiederzusehen.

Schnell schlafen die beiden ein.

 **Kapitel 7**
Die Walrossjagd

Als Allaq erwacht, schaut er in die freundlichen Augen des alten Mannes, der ihm eine Tasse mit warmer Suppe entgegenhält. Dankbar greift er danach.

„Es ist gutes Wetter für die Jagd", sagt Iluak. „Kannst du mit dem Bogen umgehen?"

Allaq schlürft an der Tasse, dann antwortet er: „Mein Vater hat es mich gelehrt. Aber mein Bogen ist verbrannt. Ich habe nur eine Harpune."

„Ich habe einen zweiten Bogen mitgenommen, für den Fall, dass mir einer zerbricht. Pfeile habe ich auch genug."

„Was willst du jagen?", fragt Allaq.

„Robben, vielleicht Walrosse. Bald werden die Karibus kommen, aber es ist noch zu früh. Sie finden an der Eiskante nichts zu fressen."

„Willst du die Robben am Atemloch töten?"

Iluak schüttelt den Kopf. „Die Sonne scheint, die Robben wollen sich sonnen. Sie tun es bereits auf den Eisschollen. Manchmal kommen sie an Land. Wenn wir geschickt sind, können wir zusammen jeder mehr als eine Robbe töten."

Allaqs Herz schlägt schneller beim Gedanken daran, auf die Jagd zu gehen. Von dem erfahrenen Jäger an seiner Seite kann er viel lernen.

Sie verlassen das Iglu und Iluak gibt Allaq einen Bogen aus bearbeitetem Karibu-Geweih und einen Köcher mit Pfeilen. Beides schnallt sich Allaq über die Schulter auf den Rücken.

Das Wetter ist klar und sonnig. Die weiße Schneelandschaft glitzert stechend in ihren Augen. Sie setzen sich die Schneebrillen auf und marschieren Richtung Eiskante. Je näher sie ihr kommen, desto brüchiger wird das Eis. Iluak geht immer ein paar Schritte vor und stößt den Stab der Harpune prüfend durch die Schneeschicht, um festzustellen, ob das Eis sie tragen wird. Manchmal müssen sie kleine Spalten überspringen oder durch Pfützen waten. „Die Zeit des frostzerrissenen Bodens ist bald vorbei", sagte Iluak. „Der Frühling wird kommen."

Vor der Eiskante bleiben sie hinter einem schroffen, zerklüfteten Schneehügel stehen und warten. Sie suchen die Eiskante mit ihren Blicken nach Robben ab. Weit und breit ist kein Tier zu sehen. Immer wieder schauen sie zum Landesinneren, ob sich ihnen ein Tier von hinten nähert. Der Nanuk ist nach dem langen Winter auch hungrig. Und seine Lieblingsnahrung sind und bleiben die Robben. Aber nirgendwo um sie herum ist Leben zu entdecken. Allaq bekommt das Gefühl, sie seien die einzigen Lebewesen auf der ganzen Welt.

Nach langer Zeit des Wartens zeigt Iluak auf einen Hügel, der schräg hinter ihnen die gleichmäßig weite Landschaft unterbricht. Allaq folgt seinem Blick und entdeckt einen Polarfuchs, der nur zu erkennen ist, weil er sich bewegt und sein Fell in einem matteren Weiß leuchtet als der Schnee unter ihm.

Iluak lächelt. Füchse sieht man hier selten. Vielleicht ist er einem Schneehasen gefolgt, der auf der verzweifelten Suche nach Nahrung die Hügelkette überquert hat. Aber sie wollen keinen Fuchs jagen. Sie warten auf Robben, die mehr Fleisch hergeben.

Die beiden Jäger stehen bewegungslos. Die Zeit verrinnt zäh. Aber es macht ihnen nichts aus. Jagen bedeutet vor allem Warten.

Auf dem Meer treiben kleine und große Schollen, dazwischen gigantische Gletscherberge. In ihren

Wänden schimmert die ewige Morgensonne orange.

Ein sanfter Wind bläst ihnen von der See her ins Gesicht. Die Haare, die unter ihren Kapuzen hervorschauen, sind hart gefroren.

Plötzlich zeigt Iluak nach vorne. Aber Allaq hat sie auch schon entdeckt. Fünf Robben sind aus dem Meer aufgetaucht und springen mit einem Satz auf das Festeis. Allaq sieht, wie sich Iluaks Körper anspannt. Er beobachtet die Tiere, will herausfinden, was sie tun, ob sie misstrauisch sind. Aber die Robben beachten die beiden Jäger nicht.

Langsam nimmt der Alte seinen Bogen von der Schulter. Allaq weiß, der erste Pfeil muss die Robbe sofort töten, sonst wird sie verletzt ins Wasser springen und untertauchen. Dann ist die Beute verloren.

Die beiden Jäger legen sich langsam auf den Boden und kriechen den Robben gleich über das Eis und durch zahlreiche Pfützen auf sie zu. Die Tiere werden aufmerksam. Iluak ahmt die Rufe der Robben nach. Er brüllt, wie es die jungen Heuler tun. Sie sind nun fast auf Bogenweite herangekommen. Plötzlich hält Iluak inne. Allaq robbt zu ihm auf gleiche Höhe, schaut ihn fragend an.

Iluak steht auf und legt den Bogen wieder über die Schulter. Im selben Moment springen die Robben, von seiner Bewegung aufgeschreckt, ins Meer. Allaq schaut den alten Jäger staunend an. Der erklärt: „Es sind Muttertiere. Sie tragen Junge im Bauch. Wenn wir sie töten, töten wir auch das neue Leben. Dafür würde uns Sedna bestrafen."

Allaq weiß, Sedna, die Meeresgöttin, muss mit Respekt behandelt werden. Die Robben sind aus ihren Fingern durch einen Zauber des Raben entstanden, so wie die Wale aus ihren Händen geformt sind. Sie sitzt auf dem Meeresgrund und verspürt großen Zorn auf die Menschen. Den kann ein Inuit spüren in den gewaltigen Stürmen und Wellen, die Sedna zuweilen über das Meer kommen lässt.

„Sedna will, dass wir uns ein anderes Jagdgebiet suchen", sagt Iluak. „Deshalb hat sie uns die trächtigen Robben geschickt. Sie will uns prüfen. Wir ziehen mit dem Schlitten weiter."

Er macht kehrt und Allaq folgt ihm. Sie schirren gemeinsam die Hunde an, die aufgeregt oder auch vor Hunger jaulen. Allaq weiß es nicht. Dann setzt er sich hinter Iluak auf den Schlitten. Der alte Mann ruft einige Befehle und die Hunde rennen los. In hohem Tempo fahren sie in sicherem Abstand an der Eiskante entlang. Die Kufen des Schlittens kratzen über das Eis und der kalte Fahrtwind beißt in den Gesichtern der Jäger.

Zum Inland hin erhebt sich eine zerklüftete Hügelkette. Die Schollen auf dem Meer sind dichter geworden. Man könnte von Scholle zu Scholle springen, ohne das

Wasser zu berühren. Aber Allaq weiß, wie gefährlich das ist. Schon mancher Jäger hat dabei den Weg zum Festland nicht mehr geschafft, ist ertrunken, weil die Schollen von der Sonne und dem erwärmten Meerwasser schmolzen. Oder er wurde schon vorher von Orcas angegriffen und gefressen, die mit einem kleinen Stoß die Scholle zum Kentern bringen können.

Nach einer Weile erreichen sie eine Bucht. Iluak jauchzt vor Freude über den Anblick der dort eng zusammenliegenden Walrosse. Der Schlitten kommt zum Stehen. Als die Hunde losheulen, weil sie nicht aufhören wollen zu laufen, lässt Iluak die Peitsche über ihren Köpfen knallen und sie verstummen.

Die Walrosse liegen dicht gedrängt an der Eiskante. Ein riesiger, brauner Fleck inmitten der weißen Landschaft. Allaq weiß, im Inneren der Gruppe liegen geschützt die jüngeren Tiere, dann kommen die Weibchen und außen wachen die starken Bullen mit ihren mächtigen Stoßzähnen. Die sind noch viel länger als die der Weibchen, aus ihnen lassen sich Waffen, Kufen für die Schlitten und wunderschöne Kunstwerke schnitzen.

Walrosse haben keine Angst, denn sie müssen niemanden fürchten. Der Nanuk versucht zuweilen, ein Junges aus der Herde zu erbeuten, wenn er großen Hunger hat. Aber meist gelingt es den Bullen, den Eisbären mit ihren gefährlichen Stoßzähnen zu vertreiben. Selbst Orcas greifen sie selten an. Daher lässt sich die Kolonie der Tiere auch nicht von der Ankunft der Jäger stören. Wenn Iluak und Allaq sich ihnen nähern, werden sie die Menschen erst neugierig, dann misstrauisch beäugen. Und sollten sie Gefahr wittern, würden sie alle im Meer untertauchen, wie das auch die Robben tun, wenn die Jäger nicht geschickt vorgehen. Und falls sie sich bedroht fühlen und nicht schnell genug fliehen können, werden die Tiere zum Angriff übergehen.

„Viel Fleisch", sagt Iluak.

Allaq ahnt, der alte Mann denkt an die Menschen in seinem Lager. Sicher denkt er auch an die Hunde, die dringend Nahrung brauchen, sonst verlieren sie ihre Kraft oder versuchen, sich gegenseitig zu fressen.

Iluak erklärt seine Jagdtaktik: „Die Bullen werden die Herde schützen und angreifen, wenn wir uns nähern. Wir müssen versuchen, einen von ihnen von der Herde wegzulocken. Es sollte ein junger, ausgewachsener Bulle sein. Davon gibt es in der Herde genug. Er gibt viel Fleisch, aber wir nehmen keinem Jungtier die Mutter weg. Wir kreisen den Bullen ein und beschießen ihn mit Pfeilen. Wenn er schwach genug ist, gehen wir näher heran und töten ihn mit der Harpune."

Allaqs Herz schlägt schneller bei Iluaks Worten. Sie müssen auch mit dem Bogen nah an das Tier heran, sonst bleiben die Pfeile in der dicken Fettschicht des Bullen stecken, was ihn wenig stören wird. Walrosse sind träge an Land, dennoch müssen die Jäger auf der Hut sein. Mit ihren Stoßzähnen und ihrer Kraft können sie einen unachtsamen Jäger verletzen oder gar töten.

Iluak pflockt die Hunde an. In gebückter Haltung gehen die beiden Jäger langsam auf die Herde zu. Alle Tiere schauen zu ihnen herüber und beobachten die Ankömmlinge neugierig. Einige der Bullen lassen ein warnendes Brüllen los. Im Inneren der Gruppe rücken die Jungtiere und Weibchen enger zusammen. Drei kräftige männliche Tiere bewegen sich ein Stück auf die Jäger zu und nicken mit dem Kopf als Zeichen der Drohung, während sie unablässig brüllen.

Die Jäger bleiben stehen. Sie wollen nicht zu entschlossen wirken. Das könnte die Tiere einschüchtern und sie würden ins Meer flüchten.

Einer der Bullen wagt sich näher an die beiden heran.

„Er will angeben vor den Mädchen", sagt Iluak und lacht. Er geht ein paar Schritte zurück und bedeutet Allaq, ihm zu folgen. Die drei Bullen sind unschlüssig, was sie tun sollen. Sie wackeln mit dem Kopf hin und her.

Iluak lässt einen Schrei los, der dem Brüllen der Walrosse ähnlich ist, und geht wieder auf die Tiere zu. Allaq folgt ihm. Er versteht, was der Plan des alten Mannes ist. Die Bullen sollen sich nicht zurückziehen, dürfen aber nicht zu aggressiv werden. Die Jäger müssen darauf hoffen, dass die hinteren beiden Männchen das Interesse an den Menschen verlieren und zur Herde zurückkriechen. Vielleicht können sie den vorderen Bullen reizen, sodass er zum Angriff übergehen will und sich weiter von der Gruppe entfernt. In sicherem Abstand beäugen sich Tiere und Menschen.

Als sich der vordere Bulle abwenden will, geht Iluak wieder ein paar Schritte auf ihn zu und lässt ein tiefes Brummen los. Sofort brüllt das Tier zurück und hebt den Kopf, um seine gewaltigen Stoßzähne zu zeigen.

So geht es eine Weile: drohen, brüllen, warten, drohen, brüllen, warten. Zuweilen ziehen sich die Jäger ein paar Schritte zurück, um das Walross dazu zu bewegen, weiter auf sie zuzukommen. Der Abstand zu den anderen beiden Tieren hat sich vergrößert. Die haben das Interesse an den Jägern verloren. Sie fühlen sich nicht mehr bedroht.

„Bald werden sie zur Herde zurückkehren", sagt Iluak. „Der vordere Bulle wird sich anschließen wollen, dann müssen wir ihn reizen und so tun, als wollten wir ihn angreifen. Damit lenken wir ihn ab und er ist allein."

Wieder stehen sich Menschen und Tiere gegenüber. Der Abstand zu dem vorderen Bullen beträgt nur wenige Schritte. Sie können seine zerklüftete, wulstige Haut sehen, voller Furchen und Risse. Seitlich unterhalb des Kopfes erkennen sie eine vernarbte Wunde. Ein

Fleischlappen ist herausgerissen. Die Wunde ist schon alt und verheilt. Sie mag von einem Kampf mit einem anderen Jungbullen um eine Kuh stammen.

Wie auf ein geheimes Kommando drehen die Tiere ihre massigen Körper und wollen zurück zur Herde. Iluak rennt brüllend auf den vorderen Bullen zu. Der dreht sich sofort zu dem Jäger um, damit er dem Feind nicht seine verletzliche Seite zuwenden muss. Die anderen beiden Walrosse haben sich weiter zurückgezogen.

Der Bulle ist nun allein. In einem großen Kreis läuft Allaq um das Tier herum, bis er hinter ihm steht. Pfeil und Bogen hält er bereit. Die Harpune hat er sich auf den Rücken geschnallt. Plötzlich kommt das Tier mit kraftvollen Bewegungen auf Iluak zu. Der weicht ein paar Schritte zurück. Allaq spannt den Bogen, geht noch näher an das Walross heran und schießt einen Pfeil ab. Der Bulle ist überrascht von dem plötzlichen Angriff, brüllt auf und dreht sich um. Allaq spannt erneut den Bogen. Der Bulle ist kaum geschwächt von dem ersten Pfeil. Iluak nähert sich währenddessen und schießt ebenfalls einen Pfeil ab, der tiefer in der dicken Fettschicht steckenbleibt. Der Bulle weiß nicht, welchem seiner Feinde er sich zuwenden soll, und brüllt drohend und vielleicht auch panisch. Allaq brüllt zurück, wie er das von dem alten Mann eben gehört hat. Der Bulle dreht sich zu ihm herum und kriecht auf ihn zu. Allaq spannt den Bogen und schießt. Wieder trifft er.

Iluak hat seinen Bogen auf den Boden gelegt und nähert sich mit der Harpune. Allaq schießt einen weiteren Pfeil ab, um das Tier zu beschäftigen. Iluak hat sich dem Bullen bis auf zwei Schritte genähert und stößt die Harpune in den Körper. Im selben Moment dreht sich der Bulle um und Iluak rettet sich mit einem Sprung nach hinten.

Allaq hat ebenfalls seine Harpune in die Hände genommen und versenkt die Waffe mit aller Kraft auf dieselbe Art wie Iluak in dem Tier. Leblos fällt der massige Körper auf die Seite.

Wie Allaq bei der verletzten Robbe, träufelt Iluak Wasser in das Maul des Walrosses, als Geste des Dankes an die Meeresgöttin Sedna, die ihr Volk ernährt. Dann nehmen sie das Tier mit ihren Messern aus, geben den Hunden zu fressen und essen sich an Ort und Stelle selbst satt. So gestärkt wuchten sie die Reste mit vereinten Kräften auf den Schlitten und binden den massigen Tierkörper fest.

„Jagen wir morgen wieder?", fragt Allaq, der noch immer ganz aufgeregt ist.

„Nein, nur ich werde jagen, so lange, bis der Schlitten vollgeladen ist, und dann ins Lager zurückkehren. Du musst deinen Weg allein gehen."

„Aber warum?", fragt Allaq. „Du bist ein erfahrener Jäger. Ich kann viel von dir lernen. Wenn wir genug erjagt haben, können wir gemeinsam in dein Lager reisen."

Sie setzen sich vorne auf den Schlitten und Iluak treibt die Huskys an.

„Du bist Angakkuq", ruft Iluak laut gegen das Bellen der Hunde und den Fahrtwind an. „Du musst deinen Weg allein zu Ende gehen. Sedna will dich prüfen, ob du stark und mutig genug bist für die Aufgaben, die auf dich warten. Du musst das Ziel mit eigenen Kräften erreichen, daher darf ich dich nicht begleiten. Du sollst vielleicht noch weitere Gefahren bestehen. Und dann wirst du die Menschen in meinem Lager von ihrer Krankheit heilen."

„Aber ...", will Allaq protestieren. Doch er verstummt, als Iluak sich zu ihm dreht und ihn wortlos anschaut. Er denkt über Iluaks Worte nach. Der alte, kluge Mann hat recht. Er muss den Weg allein zu Ende gehen. Er schaut auf das Meer und fragt sich, welche Prüfung Sedna noch für ihn bereithält. Und eine innere Stimme sagt ihm, seine größte Prüfung steht ihm noch bevor.

Kapitel 8
Der Schneesturm

Es ist Abend geworden. Allaq und Iluak bauen wieder
ein Iglu. In wortloser Eintracht schichten sie unter
einem sternenübersäten Himmel die Quader aus Schnee
übereinander. Ebenso schweigsam trinken sie anschließend Suppe. Jeder ist mit seinen Gedanken beschäftigt.
Ermattet von der Jagd legen sie sich auf ihre Nachtlager.
Iluak sagt in die Stille: „Du bist ein mutiger und kluger
Jäger. Du hast das Walross getötet wie ein Alter." Allaq
kann lange nicht einschlafen, obwohl er müde ist. Zu
aufregend war die Jagd. Und Iluak hat ihn einen Jäger
genannt, einen mutigen und klugen Jäger. Aber irgendwann fallen ihm doch die Augen zu.

Morgens weckt ihn Iluak wieder mit einer Tasse
dampfender Suppe. „Du musst los", sagt er. „Der Weg

ist weit bis zum Lager. Und es kündigt sich ein Schnee-sturm an."

Allaq kriecht aus dem Iglu und schaut in einen blauen, wolkenlosen Himmel. „Das Wetter ist günstig", widerspricht Allaq.

Iluak steht neben ihm und schüttelt den Kopf. „Der Sturm wird kommen."

Der alte Mann reicht Allaq ein Stück Walrossfleisch, das er im Topf aufgetaut hat. „Hier, iss", sagt er. „Du wirst erst wieder essen können, wenn du das Lager erreicht hast."

Nachdem Allaq gesättigt ist, erklärt Iluak ihm den Weg. „Geh an der Eiskante entlang der Sonne entgegen. Du triffst auf ein Inuksuk, es heißt Turaarut. Es weist dir dein Ziel ins Landesinnere zum Lager. Wenn du am Inuksuk angekommen bist, ist deine Reise bald zu Ende. Hinter der Hügelkette, die sich vor dir auftut, liegt das Lager. Aber verlasse die Eiskante erst, wenn du Turaarut erreicht hast." Iluak macht eine Pause, dann erklärt er weiter: „Das Lager liegt an einem Fluss, der sich durch die Hügelkette Richtung Meer schlängelt. Noch ist er zugefroren, aber der Frühling kommt. Falle nicht in den Fluss, wenn du abends dort eintriffst. Er ist im Dunkeln kaum zu sehen."

Die beiden umarmen sich stumm zum Abschied. Allaq marschiert los. Tasche und Harpune hat er sich über die Schulter geschnallt. Den Bogen hat er dem alten Jäger wieder zurückgegeben. Allaq benötigt ihn nicht mehr, aber Iluak muss gut gerüstet sein, um viel Beute zu erlegen. Nach einer Weile dreht er sich um. Iluak steht noch immer an derselben Stelle und blickt ihm nach. Allaq winkt und der alte Mann winkt zurück. Irgendwann ist er nur noch ein kleiner Punkt.

Einige Zeit später sieht er den sich verdunkelnden Himmel am Horizont. Eine schwarze Wand, die sich vor die Sonne schiebt und auf Allaq zu warten scheint. Allaq nimmt die Schneebrille von den Augen und klemmt sie über seine Kapuze.

Um nicht ständig prüfen zu müssen, ob das Eis ihn trägt, marschiert er in weitem Abstand zur Eiskante. Aber er behält das Meer seitlich in Sichtweite, denn er darf auf keinen Fall das Inuksuk verfehlen.

Der Wind frischt auf. Nach einer Weile beobachtet Allaq, wie sich der Himmel über ihm mehr und mehr in ein schmutziges Grau verwandelt. Kurze Zeit später fallen die ersten Schneeflocken. Erst zaghaft, dann immer heftiger. Der Wind rauscht in seinen Ohren. Allaq zieht die Kapuze weit in die Stirn. Nur noch sein Gesicht ist dem Wetter ausgesetzt. Der Schnee fällt dichter. Seine Füße sinken bei jedem Schritt tief ein. Er ist der Eiskante immer noch sehr nah. Das ist zu gefährlich, wenn er schlechte Sicht hat. Allaq bewegt sich mehr Richtung Inland.

Seine Gedanken wandern in die Zukunft. Bald wird er die Siedlung von Iluak erreichen. Er soll die Menschen dort gesund machen, hat der alte Jäger gesagt. Wie kann er das schaffen? Und er wird Anouk wiedersehen. Kaum zu glauben, dass er ausgerechnet zu dem Lager unterwegs ist, in dem sie wohnt. Ob sie sich wohl an ihn erinnert? Hat sie die Begegnung in so schöner Erinnerung wie Allaq selbst? Was, wenn sie ihn gar nicht nett findet? Wie sehr würde ihn das enttäuschen. Ach, er will es sich gar nicht vorstellen.

Allaq denkt an seine Eltern. „Mutter, Vater, könnt ihr sehen, dass ich nicht aufgebe? Ich finde ein neues Zuhause. Ihr müsst euch keine Sorgen um euren Sohn machen", sagt er laut in die Stille.

Wie eine Antwort erfasst ihn eine schneebeladene Windböe und lässt ihn kurz straucheln. Unbeirrt marschiert er weiter. Die Böen werden heftiger, der Wind mehr und mehr ein Grollen, dann ein Brüllen, zuletzt ein Kreischen, die Pausen zwischen den Böen werden kürzer. Der Sturm tost ihm mit seiner brutalen Gewalt entgegen. Jeder Schritt kostet Kraft. Allaq hört auf zu denken, er ist jetzt wie ein Schlittenhund, der immer nur nach vorne zieht, mit einem unbändigen Willen. Die Temperatur ist deutlich gefallen. Es ist dunkel geworden, als wäre es schon Nacht.

Inzwischen hat sich der Schneesturm zu einem andauernden Tosen ausgewachsen. Allaq stemmt sich dem peitschenden Wind mit gebeugtem Körper entgegen. Die eisige Kälte beißt sich in sein Gesicht. Er muss Schutz suchen. Aber in Sichtweite sind keine Bodenerhebungen, hinter denen er sich verkriechen könnte. Sichtweite? Er kann kaum ein paar Schritte weit blicken durch den Schneesturm. Allaq hat Sorge, das Inuksuk zu übersehen. Das wäre schlimm. Er würde immer weitergehen, die Orientierung verlieren und vielleicht doch noch verhungern.

Im nächsten Moment erfasst ihn eine Sturmböe, reißt ihn von den Beinen und lässt ihn wie einen Ball über den Boden rollen. Endlich bleibt er liegen. Mühsam richtet er sich auf. Die nächste Böe will ihn wieder niederzwingen. Eine Weile bleibt er flach im Schnee liegen, wartet, bis der Wind ein bisschen nachlässt. Allaq steht wieder auf. Die wenigen Schritte weit, die er noch sehen kann, erkennt er, dass der Wind den frisch beschneiten Boden wie ein sanftes Wellenmeer aussehen lässt, das sich jeden Moment verändert. Die

Schneewellen entstehen, ziehen weiter, flachen ab und erheben sich in einem stetigen Wechsel.

Der Sturm brüllt jetzt ohne Pausen auf ihn ein. Es ist so laut, dass sich Allaq die Ohren zuhalten möchte. Immer wieder fliegt ihm die Kapuze vom Kopf. Der kurze Moment reicht, dass seine Ohren von dem eisigen Wind zu schmerzen beginnen. Dann wird er umgerissen. Ratlos und erschöpft bleibt er eine Weile im Schnee liegen. Und schon ist er fast gänzlich zugeschneit. Er darf nicht aufgeben. Mühsam steht er wieder auf.

Der Schneefall ist so stark, dass Allaq fast bis zu den Hüften einsinkt. Jeder Schritt fordert seinen ganzen Willen durchzuhalten. Harte, eisige Flocken peitschen ihm ins Gesicht. Aber er spürt es kaum noch. Er kann fast nicht mehr atmen, so dicht fällt der Schnee. Er muss den Kopf senken, sonst kann er die Augen nicht offen halten. Er tastet nach seiner Schneebrille. Sie ist nicht mehr da, muss ihm bei einem der Stürze vom Kopf gerissen worden sein. Einen Moment überlegt er, zurückzugehen und die Brille zu suchen. Aber er wird sie kaum wiederfinden, sie kann vom Sturm überall hingefegt und zugeschneit worden sein.

Das Unwetter will kein Ende nehmen. Allaq weiß, es ist sinnlos und gefährlich, weiterzugehen. Die Kraft weicht immer mehr aus seinem Körper. Er hat keinen Anhaltspunkt mehr, wo die Eiskante ist. Der Sturm tost ihm weiter entgegen, aber er kann seine Richtung geändert haben. Dann läuft er entweder auf die Eiskante zu oder ins Inland, ohne es zu merken. Er braucht Schutz vor dem beißend kalten Wind und muss warten, bis der Sturm vorübergezogen ist. Er denkt an die Huskys, die sich eingraben, den buschigen Schweif über ihre Nasen legen und so auch dem schlimmsten Orkan trotzen. Aber Allaq ist viel größer als ein Hund, so tief kann er nicht graben, dass der Sturm über ihn hinwegzieht. Er versucht es dennoch, schaufelt mit seinen Händen in dem weich mit Schnee bedeckten Boden, gibt aber schnell wieder auf. Der Sturm weht jede kleine Vertiefung sofort wieder mit Mengen von Schnee zu.

Der Nanuk flüchtet sich bei solchen Stürmen in Eishöhlen, die er überall in der Gegend kennt, obwohl ihm die Kälte und der Sturm wenig ausmachen. Allaq will aber nicht in einer Eishöhle liegen und dann feststellen, dass er sie mit einem Bären teilt.

Dennoch entschließt er sich, in Richtung des Landesinneren zu gehen, zumindest dorthin, wo er es vermutet. Vielleicht findet er irgendwo einen Hügel oder großen Stein, hinter dem er sich verkriechen kann. Wenn der Sturm nachgelassen hat, kann er sich an der Eiskante orientieren und seine Suche nach dem Inuksuk wieder aufnehmen. Aber wo ist das Landesinnere? Er hat sich ja schon eben von der Eiskante wegbewegt, kann sich aber einfach nicht mehr sicher sein, wo sie ist. Seine Lage ist hoffnungslos. Aber er darf nicht aufgeben.

Nein, er darf nicht aufgeben.

Wieder reißt ihn eine Sturmböe von den Beinen und wirft ihn in den Schnee. Der Wind hat ihm ein weiteres Mal die Kapuze vom Kopf gerissen. Schnell zieht er sie wieder auf. Er muss achtgeben, nicht zu erfrieren. Selbst sein dicker Karibu-Parka trotzt nicht dieser Kälte. Er muss sich bewegen. Oder endlich eine windgeschützte Stelle finden, an der er sich zusammenrollen kann. Der Schneesturm kann ja nicht ewig dauern.

Allaq steht auf, nimmt den Kampf gegen die Urgewalt des Himmels wieder auf. „Sedna, du prüfst mich. Sieh doch, ich halte durch! Wenn ich Angakkuq bin, dann gib mir ein Zeichen, was ich tun soll!", brüllt er den Wind an. Der antwortet mit einem Heulen. Vor ihm fliegen die Schneeflocken in einem wilden Tanz auf ihn zu. Manchmal glaubt er, etwas vor sich zu erkennen. Aber immer, wenn er die Augen anstrengt, ist da nichts als Schnee.

Als wäre der Sturm noch nicht wild genug, scheint er Allaq beweisen zu wollen, wie viel Kraft noch in ihm ist. Kaum kann er einen Schritt vor den anderen setzen. Wieder meint er, etwas vor sich zu sehen, einen Schatten, ganz kurz, dann ist er wieder verschwunden. Allaq sinkt nieder auf die Knie. Die Kraft will ihn verlassen. Wieder der Schatten. Spielen ihm seine Augen Streiche? Oder gar sein Verstand? Da, wieder. Jetzt glitzert es. Nein, das ist keine Einbildung. Seine Augen werden zu

Schlitzen. Angestrengt schaut er nach vorne. Wieder das Glitzern, ganz kurz. Sein Herz rast bei dem Gedanken, dass da vor ihm ein Nanuk sein könnte. Dann wäre er verloren. Aber auch der jagt nicht bei einem solchen Schneesturm, es muss etwas anderes sein. Mühsam schafft es Allaq, wieder auf die Beine zu kommen. Er nimmt die Harpune vom Rücken. Kampflos wird er sich keinem wilden Tier ergeben. Niemals. Das Glitzern sind zwei gelbe Punkte. Sie bewegen sich nicht. Der Nanuk hat keine gelben Augen. Allaq macht einen weiteren Schritt. Die gelben Punkte sind verschwunden. Dann sind sie wieder da. Jetzt näher. Allaqs Nerven sind auf das Äußerste gespannt. Für einen Moment scheint der Schneefall weniger zu werden und gibt den Blick frei. Allaq möchte schreien vor Glück, ruft nur: „Amarok!"

Der Wolf kommt näher, bleibt vor ihm stehen und schaut ihn an. Der Wind zerrt an seinem Fell. Dann dreht er sich um und geht zwei Schritte, blickt sich wieder um und wartet. Allaq begreift: Er soll dem Wolf folgen. Mit nach vorne gebeugtem Körper kämpft er sich Schritt für Schritt voran. Der Wolf achtet darauf, dass der Abstand zwischen ihnen immer gleich groß bleibt. Allaq fühlt kaum noch Kraft in seinem Körper. Er schnallt die Harpune auf den Rücken, lässt sich auf die Knie herunter und kämpft sich auf allen vieren vorwärts. Allaq hat keine Idee, wohin der Wolf ihn führen will, aber er vertraut dem Tier. Es bleibt ihm auch nichts anderes übrig.

Er weiß nicht, wie lange er so hinter dem Wolf hergekrochen ist, als er sieht, dass der vor einer Wand steht. Beim Näherkommen entdeckt Allaq, dass es ein Hügel aus schneebedeckten Steinen ist. Der Wind sucht sich einen Weg darum herum, kreischt jetzt schrill, als sei er wütend, dass sich ihm etwas entgegenstellt.

Allaq entdeckt eine kleine Spalte in dem Hügel. Der nackte Stein ist hier zu sehen. Allaq zwängt sich so weit wie möglich in die Spalte. Sie ist so hoch wie er und gerade so breit, dass er sich fast ganz hineinquetschen kann. Augenblicklich zerrt der Sturm weniger an ihm. Er kauert sich nieder und umfasst seinen Oberkörper mit beiden Armen, um so viel Wärme wie möglich zu bewahren. Der Wolf trottet auf ihn zu. Allaq hat keine Angst. Sedna hat ihn geschickt, das weiß er. „Amarok, du hast mir schon wieder das Leben gerettet", sagt Allaq. Wie als Antwort kommt der Wolf noch näher und legt sich mit seinem Körper über Allaq. Sofort spürt er die Körperwärme des Tieres. Er atmet den scharfen Geruch des Wolfes ein. Allaq schließt seine Augen und schläft ein, vielleicht wird er aber auch ohnmächtig vor Erschöpfung.

 94

Kapitel 9
Die Meeresgöttin

Allaq träumt: Er ist ein Fisch und schwimmt in der Tiefe des Meeres. Kein anderes Lebewesen ist zu sehen. ‚Wo sind all die Tiere?‘, fragt er sich. ‚Wo sind die Wale, Robben, Walrosse und Fische?‘ Er schaut hinauf zur Wasseroberfläche. Auf dem Meer schwimmt ein Kajak. Allaq taucht auf, um zu schauen, wer darin sitzt. Es sind ein älterer Mann und ein wunderschönes Mädchen mit langen, schwarzen Haaren. Obwohl ein starker

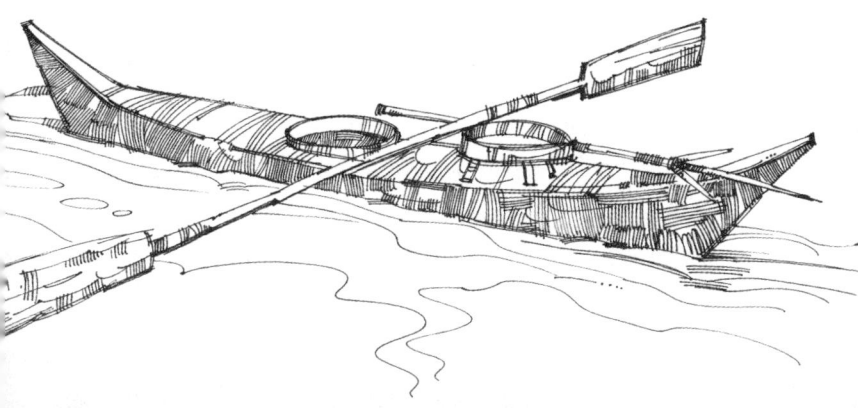

Wind weht, kämmt sie sich unaufhörlich. „Du bist eitel, Sedna", sagt der Mann.

„Ach, Vater, ich bin eben wunderschön", antwortet das Mädchen.

Der Wind frischt auf, das Boot schaukelt auf den Wellen. Der Mann schaut besorgt in den blauen, wolkenlosen Himmel. Allaq sieht, wer die Wellen so hoch schlagen lässt. Ein Rabe fliegt knapp über dem Wasser und peitscht mit seinen Flügeln das Meer auf. Das Kajak schaukelt immer bedrohlicher, scheint kurz davor, zu kentern.

„Sieh doch, Sedna, dein Ehemann entfacht einen Sturm, um uns zu töten", warnt der Vater.

„Bitte, ich will nie mehr zu ihm zurück!", schreit das Mädchen. Sie blickt beunruhigt zu dem schwarzen Vogel, der nicht aufhört, mit seinen Flügeln das Meer aufzupeitschen.

„Ich habe dich von deinem Ehemann zurückgeholt, weil er gar kein Jäger ist, wie wir glaubten, sondern nur ein Rabe. Doch nun will er sich rächen und wird unser Boot zum Kentern bringen."

„Was sollen wir tun, Vater?", fragt Sedna voller Angst.

„Wir zwei in dem kleinen Boot haben keine Chance. Spring hinaus!"

Das Mädchen schreit auf. „Nein! Mein Haar und mein schönes Kleid werden nass."

„Nun spring endlich!", brüllt der Vater seine Tochter an.

96

Und schon stößt er sie über Bord.

Sedna klammert sich voller Angst an dem Boot fest. Doch der Vater schlägt mit dem Ruder auf ihre Finger. Da lässt sie los und sinkt unter Wasser. In dem Moment, in dem ihre Hände das Wasser berühren, werden die Finger zu Robben, die Hände zu Walen und Walrossen, die Fingernägel zu deren Stoßzähnen.

Allaq beobachtet, wie das Mädchen auf den Meeresboden sinkt. Er folgt ihr, denn er will ihr helfen. Auf dem Meeresboden angekommen, jammert das Mädchen: „Ach, wie soll ich mir denn jetzt ohne Hände meine Haare kämmen?"

„Wäre ich kein Fisch, ich würde es gerne für dich tun", sagt Allaq.

„Ich könnte dich in einen Menschen verwandeln", überlegt Sedna. „Es wäre ein großes Geschenk für mich, wenn du mir die Haare kämmen würdest. Aber sicher willst du dann auch ein Geschenk von mir."

„Nein", entgegnet Allaq. „Ich will nichts für mich. Aber nimm die Krankheit von den Menschen in dem Lager, in dem Anouk lebt."

„Du wirst ihnen die Krankheit nehmen, Allaq, du bist Angakkuq."

„Aber wie?", fragt Allaq verzweifelt.

„Erzähle ihnen deine Geschichte", sagt Sedna. „Aber erzähle nicht nur von deinen abenteuerlichen Erlebnissen. Erzähle auch von den Gedanken und Gefühlen:

deiner Angst, deiner Hoffnung, deiner Liebe, deiner Verzweiflung, deiner Trauer, die in dem Erlebten sind. Erzähle vor allem von der Kraft deines Willens, zu überleben. Dann werden die Menschen deine Kraft auch in sich selbst finden, und sie werden wieder gesund."

„Das will ich tun. Du kannst mich nun in einen Menschen verwandeln, und meine Finger werden wie ein Kamm durch deine Haare fahren."

Im nächsten Moment ist Allaq kein Fisch mehr. Und seine Finger lässt er zärtlich durch das Haar des Mädchens gleiten, immer und immer wieder. Leicht und schwebend wehen die langen Haare wie Fäden durch das Meer. Darum herum schwimmen die Robben und Walrosse und Wale. Es sieht aus, als tanzten Sednas Haare mit den Tieren zu einer lautlosen Musik in der Tiefe des Meeres.

Da sagt Sedna: „Ich danke dir. Nun ziehe weiter, Allaq. Du bist ein guter Angakkuq. Daher gebe ich dir noch einen wichtigen Rat: Wenn du in Not bist, vertraue immer auf deine Kraft, dann, aber nur dann, wird dich Sedna nicht im Stich lassen."

Allaq bedankt sich und schwimmt an die Wasseroberfläche.

△▽△▽△▽△▽

Als Allaq erwacht, ist der Sturm vorübergezogen. Über ihm scheint die strahlende Sonne aus einem tiefblauen,

wolkenlosen Himmel. Er erinnert sich an den Traum. Amarok liegt nicht mehr auf ihm. Allaq schaut sich um. Der Wolf ist fort. Hat er auch den Wolf nur geträumt? Allaq steht auf und streckt sich. Sein Blick fällt auf den Steinfelsen. Es ist kein Hügel. Die Steine sind von Menschenhand aufeinandergeschichtet worden. Er geht einmal um das Gebilde herum. Und dann ist er sicher, er hat Turaarut gefunden, das Inuksuk, das ihm Iluak beschrieben hat. Der Wolf hat ihn hergeführt, hat ihn wieder vor dem Erfrieren gerettet. Im Windschatten des Inuksuk hat er geschlafen und den Sturm überlebt. In der Nacht ist die Kraft in seinen Körper zurückgekehrt. Nun kann er sein Ziel nicht mehr verfehlen.

Aber Allaq darf keine Zeit verlieren. Am Ende des Tages will er das Lager, in dem Anouk lebt, erreicht haben. Er macht sich auf in die Richtung, in die das Inuksuk weist.

Der frisch gefallene Schnee funkelt im strahlenden Sonnenlicht. Allaq will nach der Schneebrille greifen. Mit Schrecken erinnert er sich, dass er sie im Sturm verloren hat. Mit einem Seufzen kneift er die Augen zusammen, bis das helle Licht nur noch als schmaler Streifen seine Augen trifft, und marschiert auf eine Hügelkette am Horizont zu. Am Ende dieses Tages wird er auf Fellen schlafen, heiße Suppe trinken und Anouk wiedersehen. Er wird den Menschen von seiner abenteuerlichen Reise berichten, so wie Sedna es ihm in seinem Traum erklärt hat.

Sein Herz schlägt schnell vor Freude. Er marschiert mit kräftigem Schritt, obwohl es mühsam ist, durch den aufgewehten, lockeren Schnee zu stapfen.

Nach der Hälfte des Tages beginnen seine Augen zu jucken. Kurze Zeit später wird das Jucken zu einem Kratzen, und dann beginnt der Schmerz.

Kapitel 10
Blind

Allaqs Herz rast. Er weiß, warum seine Augen schmerzen. Das weiße Licht der Sonne und des gleißenden Schnees hat ein Feuer in seinen Augen entfacht. Bald wird er die Lider schließen müssen vor Schmerz. Das Karibu, der Nanuk und die anderen Tiere können ewig durch die weiße Wüste wandern. Ihre Augen benötigen keinen Schutz. Immer hat seine Mutter ihn an die Schneebrille erinnert, wenn er im Winter draußen herumlaufen wollte. Die alten Männer erzählten von Jägern, die schneeblind wurden und hilflos im ewigen Eis herumirrten. Es braucht eine Nacht mit geschlossenen Augen und Kräutersäckchen auf den Lidern, um die Krankheit zu heilen. Aber man erzählte sich auch von einem alten Mann in seinem Lager, der zu lange in das weiße Licht geschaut hatte. Seine Augen hatten sich nie mehr erholt und er war für den Rest seines Lebens blind geblieben.

Allaq versucht, sich zu beruhigen, und überdenkt seine Lage. Es ist schwer nachzudenken, wenn die Augen schmerzen. Am liebsten würde er mit seinen Händen darüberreiben, aber er zwingt sich dazu, es nicht zu tun, denn das würde das Brennen nur verschlimmern. Allaq überlegt: Wenn er die Augen schließen muss, weil der Schmerz unerträglich geworden ist, kann er versuchen, so lange wie möglich die Richtung einzuhalten, die zum Lager führt. Er kann sich merken, wie die Sonne wandert und an ihrer Wärme auf seinem Gesicht ablesen, ob er noch seinem Ziel entgegengeht.

Das Brennen in den Augen verschlimmert sich. Immer wieder schließt er sie. Für einen Moment bringt das ein wenig Linderung. Inzwischen hat er das Gefühl, seine Augen sind doppelt so dick geworden und passen nicht mehr richtig in seinen Kopf. Wenn er sie schließt und wieder öffnet, fühlt es sich an, als rieselten kantige kleine Steinchen über seine Pupillen.

Irgendwann bleiben die Lider geschlossen. Er kann sich anstrengen, wie er will, sie lassen sich nicht öffnen. Ab jetzt muss er wirklich blind weitermarschieren. Seine Schritte werden vorsichtiger. Immer wieder stolpert er über Erhebungen. Er weiß, dass er sich dem Gebirge nähert, auf das er eben noch sehend zugegangen ist. Irgendwann nimmt er die Harpune von seinem Rücken und klopft mit dem Stab vor sich auf den Boden. So kann er größere Hindernisse rechtzeitig ertasten. Dennoch fällt er immer wieder hin. Einmal schlägt er mit der Schulter auf einen kantigen Stein unter dem Schnee. Er stöhnt auf vor Schmerz. Aber das Brennen hinter seinen geschlossenen Lidern ist viel schlimmer.

Weil er so vorsichtig einen Schritt vor den anderen setzen muss, kommt er sehr langsam voran. Und wenn er noch eine Nacht im Eis verbringen muss? Völlig blind? Wie soll er am Morgen die richtige Richtung einschlagen? Allaq verbietet sich, so zu denken. Er muss an seine Kraft glauben, das hat ihm Sedna als Rat mit auf den Weg gegeben. Sie wusste sicher, welche Prüfung noch auf ihn warten würde. Nein, er wird nicht aufgeben. Er ist kurz vor dem Ziel. Und er muss sein Ziel erreichen.

Er legt eine Rast ein und hockt sich in den Schnee, um seine Beine und Füße einen Moment zu entspannen. Seine Ohren haben die Arbeit seiner Augen mit übernommen. Er kann das Rieseln des losen Schnees hören, das der sanfte Wind auslöst. Etwas entfernt schreien Möwen. Also ist der Fluss nicht mehr weit. Sonst ist nur Stille um ihn herum. Allaq steht auf und marschiert weiter. Die Temperaturen sinken. Wahrscheinlich hat die Dämmerung eingesetzt. Bald wird es dunkel. Er kann einfach weitergehen, solange er Kraft hat. Tag und Nacht machen für Allaq derzeit keinen Unterschied.

Irgendwann ist er doch so erschöpft, dass er nicht mehr weiterlaufen kann. Allaq schätzt, dass er am Fuße des kleinen Gebirges angekommen ist. Aber er weiß nicht, wie weit es dahinter noch bis zum rettenden Lager ist. Er weiß nicht einmal, wie tief sich das Gebirge ins Inland erstreckt. Er muss eine Pause einlegen. Seine Füße schmerzen von den langen Wanderungen der vergangenen Tage. Sein Magen meldet sich. Zuletzt hat er mit Iluak vor dem Sturm etwas gegessen. Aber den Hunger kann er lange aushalten.

Allaq spürt die sanfte Wärme der untergehenden Sonne auf seinen Wangen. Also ist es noch nicht Nacht. Er hat jegliches Zeitgefühl verloren. Allaq ist ratlos. Soll er blind ein Iglu bauen? Das ist nicht zu schaffen. Er könnte sich eingraben. Oder aber er marschiert in der Dunkelheit weiter, wenn er sich ein bisschen erholt hat.

Zum ersten Mal auf seiner langen Reise durch das Eis wird das Gefühl, es doch nicht schaffen zu können, übermächtig. Und mit jedem weiteren Schritt ergreift die Hoffnungslosigkeit mehr Besitz von seinen Gedanken. Allaq stemmt sich mit seinem ganzen Willen gegen die Verzweiflung, die in ihm hochkriecht.

„Mutter! Vater!", ruft er laut. Ach, würden sie ihn nur einmal kurz in den Arm nehmen. Er streckt die Arme aus: „Bitte helft mir, ich schaffe es nicht!" Unter seinen geschlossenen Lidern quellen Tränen hervor. Er sinkt auf die Knie, rollt sich zusammen und schluchzt. Nach

einer Weile geht das Schluchzen über in ein leises Jammern. „Mutter, Vater", wimmert er leise vor sich hin, immer wieder. „Mutter, Vater."

Und plötzlich sieht er sie vor sich stehen. Sie schauen ihn an. Ihr Blick ist fragend. Als wollten sie sagen: „Bist du unser Sohn? Warum gibst du auf?" Was soll er ihnen antworten? Seine Hände ballen sich zu Fäusten. „Ja, ich bin euer Sohn. Ich werde hier nicht liegen bleiben und auf den Tod warten! So weit habe ich es geschafft, so viele Gefahren überwunden. Und noch lebe ich. Und solange noch Leben in mir ist, werde ich nicht aufgeben. Nein, ein Inuit-Jäger gibt nie auf!" Beinahe wütend über sich selbst steht er auf und reibt sich die gefrorenen Tränen aus dem Gesicht.

Um sich zu beruhigen, holt er seine Flöte aus der Tasche, zieht die Handschuhe aus und beginnt zu spielen. In seiner Fantasie tanzen die Haare Sednas mit den Tieren des Meeres zur Musik. So, wie er das in der letzten Nacht geträumt hat. Es ist eine Melodie voller Sehnsucht und Liebe. Das Flötenspiel wärmt sein Herz. Die Musik ist ein Klagen der Einsamkeit und eine Hoffnung auf Liebe. Er spielt und spielt. Mit den Tönen, die aus der Flöte strömen, kehrt die Kraft in ihn zurück. Er packt das Instrument wieder ein, zieht sich die Handschuhe an und setzt seinen Marsch fort.

Kurze Zeit später hört er ein leises Rauschen und vereinzelte Möwenschreie. Der Fluss ist in der Nähe.

Er tastet sich vorsichtig mit dem Harpunenstab vorwärts, dem Geräusch des fließenden Wassers entgegen. Der Boden unter ihm scheint sich zu neigen. Das Flussufer? Das Rauschen des Flusses wird lauter. Die Eisdecke auf dem Wasser ist also nicht mehr geschlossen. Der Frühling ist dieses Jahr früh zurückgekehrt.

Auf einmal rutscht er aus und rollt einen kleinen Hang hinab. Allaq fängt sich und steht vorsichtig auf. Nun hat er die Orientierung verloren. Er lauscht. Dort ist das fließende Wasser. Er kann versuchen, am Fluss entlangzugehen. Sicher ist das Lager nicht weit vom Ufer entfernt. Wieder stolpert Allaq, fängt sich, macht vorsichtig den nächsten Schritt. Das Wassergeräusch ist ganz nah. Er kann nur wenige Schritte vom Ufer entfernt sein. Er lauscht dem Strömen des Flusses und wählt die Richtung so, dass er es immer gleich laut hört. Allaq schwitzt. Was er tut, ist lebensgefährlich. Der Fluss ist eiskalt. Wenn er hineinfällt, ist er verloren. In wenigen Minuten wäre sein Körper ausgekühlt, er könnte sich nicht mehr bewegen und würde ertrinken.

Der Weg ist ebener geworden und das Vorankommen nicht mehr so beschwerlich.

Seine Harpune stößt an ein Hindernis. Er tastet es ab. Ein Felsen, schroff ist er. Und wie groß? Er versucht herauszufinden, ob er darüberklettern kann. Nein, er ist zu hoch. Er geht seitlich daran entlang, macht ganz kleine Schritte. Hier ist der Felsen flacher. Allaq hängt sich die Harpune über den Rücken und lässt sich auf Hände und Füße sinken. Kriechend beginnt er, den Felsen zu erklimmen. Das ist mühsam. Seine Hände tasten ins Leere. Wo geht es weiter? Er streckt sich. Da ist etwas. Ein Ast. Er hält sich daran fest, zieht sich langsam voran. Seine Füße suchen ebenfalls nach Halt. Er zieht sich noch ein kleines Stück weiter. Da löst sich der Ast mit einem Krachen. Allaq rutscht. Es reißt ihn abwärts. Verzweifelt versucht er, sich irgendwo festzuhalten. Aber da ist nichts. Er rutscht immer schneller. Schreit. Dann fällt er ins Nichts.

Ein knackendes Krachen. Er ist auf dünnem Eis aufgeschlagen. Es zerbricht unter seinem Gewicht. Sein ganzer Körper taucht unter. Das Wasser benetzt sein Gesicht. Schnell findet es den Weg unter seine Handschuhe und seinen Parka, in seine Stiefel. Sein verrückter erster Gedanke: Das Wasser fühlt sich warm an. Wärmer als die Luft ringsherum. Aber diese Wärme ist trügerisch. Allaq gerät in Panik. Er muss so schnell wie möglich raus aus dem Wasser. Raus hier, raus. Kurz taucht er auf und schnappt nach Luft. Rudert wild mit den Armen. Seine Kleidung ist schwer, zieht ihn unter Wasser. Der Fluss ist nicht tief. Als er Boden unter seinen Füßen spürt, stößt er sich mit aller Kraft ab, Richtung Wasseroberfläche. Sein Kopf kracht gegen etwas Hartes. Er ist unter dem Eis. Sein Herz hämmert. Er reißt sich die Handschuhe von den Händen und tastet die harte Fläche über sich ab. Wo ist eine Öffnung? Er muss atmen. Seine Lunge brennt. In seinen Ohren rauscht das Blut. Schon zieht es ihn wieder in die Tiefe. Auf dem Grund des Flusses angekommen, stößt er sich wieder nach oben. Und kracht wieder mit dem Kopf gegen das Eis. Gleich verliert er das Bewusstsein, dann ist alles vorbei. ‚Vater, Mutter‘, schreit er lautlos. Die Gedanken an sie sollen seine letzten sein.

Plötzlich ist ein helles Licht vor seinen geschlossenen Lidern. Seine Hände berühren einen schuppigen Körper. Er bewegt sich. Ein Fisch. Ein großer Fisch. Er schwimmt nicht davon. In Panik klammert sich Allaq an ihn. Der Fisch zieht ihn nach oben. Wenn er nicht bald atmet …

Hilf mir, Fisch, hilf mir …

 **Kapitel 11**
Anouk

Anouk legt ihre Flöte beiseite, schaut zur Mutter hinüber, die an einer Fuchsfellhose näht und sagt zu ihr: „Ich will schauen, ob Iluak hinter den Hügeln zu sehen ist." Schon springt sie auf. Die Mutter lächelt. „Tu das, mein Kind. Aber die Nacht kommt bald, bleib nicht zu lang."

Anouk zieht ihren Parka an. Eine Unruhe hat sie ergriffen, die sie sich nicht erklären kann. Der kurze Marsch auf den Hügel am Fluss wird ihr guttun. Von dort kann man die weite weiße Fläche überblicken. Vielleicht entdeckt sie Iluak mit dem Schlitten. Hoffentlich hat er Jagdglück gehabt. Sie hat Hunger, wie alle im Lager.

Anouk, ihre Mutter und auch Iluak zählen zu den wenigen Menschen im Lager, die nicht von der Krankheit geschwächt sind. Die meisten fühlen große Kraftlosigkeit, wollen dauernd schlafen und schwitzen, obwohl sie frieren.

Die Krankheit kam mit den Fremden, die das Lager besucht haben. Sie wollten Felle kaufen. Aber die Männer des Lagers sagten, sie benötigten sie selbst. Die Wahrheit war, dass von den Fremden etwas Böses ausging. Sie verströmten nicht den Geist der Liebe. Dennoch verhielten sich alle Lagerbewohner gastfreundlich und gaben ihnen zu essen. Endlich zogen die Fremden weiter. Danach begann die Krankheit.

Anouk hat den Fuß der Bergkuppe erreicht und hält einen Moment inne. Sie vernimmt eine Flötenmelodie. Anouk wundert sich. Wie gut hört sie noch die Töne, die sie eben gespielt hat. Aber nein, das ist keine Melodie in ihrem Kopf. Sie kommt von jenseits des Hügels. Eine wunderschöne Melodie. Wie ein Fluss, in dem die Liebe schwimmt. Eine Weile lauscht Anouk der Musik. Plötzlich verstummt sie. Anouk muss wissen, wer da gespielt hat. Sie hastet den Hügel hinauf. Schwer atmend erreicht sie die Kuppe.

Vor ihr breitet sich die endlose Weite der Eiswüste aus, die irgendwo hinter dem Horizont am Meer endet. Unter ihr schlängelt sich der Fluss in die flache Landschaft. Eisschollen schwimmen auf dem Wasser, mal dichter, mal weniger dicht. Die Schmelze hat eingesetzt. Aber es wird immer Eis auf dem Fluss sein, nur nicht, wenn die Moskitos kommen. In dieser Zeit kann man sogar im Fluss baden.

Anouk blickt sich um, sieht die Möwen am Himmel, die ausgelassen über dem Wasser wilde Kreise ziehen. Und da, ein Mensch bewegt sich auf den Fluss zu. Iluak zu Fuß, ist ihr erster Gedanke. Nein, das ist nicht der alte Jäger. Dieser ist jünger. Aber er bewegt sich wie ein Alter. Er schlägt mit der Harpune vor sich auf den Boden. Das sieht fast lustig aus. Anouk beobachtet ihn weiter. Warum macht er das? Warum geht er so langsam? Der Fremde bewegt sich am Flussufer auf einen Felsen zu. Er klopft mit dem Harpunenstab dagegen. Nun lässt er sich auf die Knie herab und beginnt darüberzuklettern. Warum macht er so etwas Verrücktes? Er könnte nur wenige Schritte seitlich daran vorbeigehen. Und im nächsten Moment begreift Anouk, dass der Fremde dort nichts sehen kann. Sie läuft los, um ihm zu helfen. Anouk will den Fremden warnen. Aber der Wind weht ihr entgegen und verschluckt ihre Rufe. Nun beobachtet sie, wie er sich an einem Ast festklammert. Er gehört zu einem alten Baum, aus dem das Leben gewichen ist. Im kommenden Frühjahr wird er keine Blätter mehr tragen.

Anouk rennt inzwischen. Beim Blick nach vorn sieht sie, wie der Ast bricht und der junge Jäger den Hang hinab auf den Fluss zurollt. Anouk rennt, es sind fast schon Sprünge. Er wird in den Fluss fallen. Sie rennt und rennt. Hört das Platschen, läuft so schnell sie kann. Gleich hat sie das Flussufer erreicht. Sie stoppt ab, schaut auf die Wasseroberfläche. Wo ist er? Da, sein Kopf erscheint. Aber schon ist er wieder untergegangen. Was soll sie tun? Sie muss ins Wasser springen, aber sie zögert. Sie muss ihn retten. Irgendetwas an ihm kommt ihr vertraut vor. Aber darüber will sie nicht nachdenken. Wenn sie ins Wasser springt, kann sie von der Strömung unter das Eis gezogen werden und ertrinken. Was soll sie nur tun? Sie schreit: „Sedna, hilf ihm, bitte!"

Nun kann sie den Jäger nirgendwo mehr entdecken. In größter Verzweiflung schaut sie über das Wasser. Da ist ein Licht, unter der großen Scholle. Es muss sehr hell sein, denn das Eis ist dick. Wie unheimlich. Aber Anouk hat keine Angst. Das Licht wandert unter der Eisscholle entlang auf sie zu. Anouks Herz rast.

Dann taucht das Licht unter der Eisscholle hervor. Es ist ein sehr großer Fisch, der da leuchtet. Einen solchen Fisch hat sie noch nie gesehen. Der junge Jäger hält sich an ihm fest. Anouk kniet sich ans Flussufer. Sie packt den Jungen mit aller Kraft und zieht ihn an Land.

Der Fisch taucht in die Tiefe des Flusses ab und das Licht erlischt.

Anouks Gedanken rasen. Wie soll sie den Jungen, der kurz vor dem Erfrieren ist, zum Lager tragen? Sie kann ihn auch nicht liegen lassen und Hilfe holen. Das dauert zu lang.

Plötzlich hört sie Stimmen hinter sich. Sie dreht sich um. Einige der wenigen nicht erkrankten Lagerbewohner kommen angelaufen. An ihrer Spitze entdeckt sie ihre Mutter.

„Mama, schnell!", ruft sie.

Die Mutter hat ihre Tochter erreicht, schaut auf den Jungen und sagt: „Angakkuq."

Sie umhüllen den Fremden mit Fellen und tragen ihn in das Lager.

Anouk folgt den anderen. Noch immer rast ihr Herz. Aber nicht nur von der Aufregung der Rettung. Es ist ein tiefes, fast schmerzendes Gefühl in ihrem Herzen, seit sie das Gesicht des Jungen erkannt hat. Es ist Allaq, den sie auf einem Fest getroffen hat und den sie seither nicht vergessen konnte.

Kapitel 12
Die ewige Schönheit der Eiswüste

Allaq erwacht. Er kann nichts sehen. Eine wunderschöne Flötenmelodie dringt an seine Ohren. Seine Augen sind verbunden. Etwas Warmes liegt auf seinen geschlossenen Lidern. Mit den Händen tastet er danach. Die Musik verstummt. Er hört eine Stimme, die sagt: „Mutter, er ist aufgewacht." Die Stimme hat etwas Vertrautes. Sie weckt eine Erinnerung. Es ist eine schöne Erinnerung.

„Anouk", sagt er leise. „Spiel weiter."

Die Flöte erklingt. Allaq lauscht ihr und schläft bald wieder ein.

Er wird von vielen aufgeregten Stimmen geweckt. Wie lange hat er geschlafen? Seine Augen sind noch verbunden. Irgendetwas ist vor dem Haus los. In den Stimmen sind Ausgelassenheit und Freude. Aber Allaq kann keine Worte verstehen.

„Hallo?", ruft er.

Schritte nähern sich und eine freundliche Stimme sagt: „Ich bin Tootega, die Mutter von Anouk. Ich nehme dir den Verband von den Augen, dann wirst du wieder sehen können."

„Was ist da draußen los?", fragt Allaq.

„Iluak ist zurück. Sein Schlitten ist voll beladen mit Robben und sogar einem Walross. Er sagt, ein junger, mutiger Jäger hat es erlegt." Tootega hat ihm den Verband abgenommen. Der Schmerz in seinen Augen ist verschwunden. Langsam gewöhnen sich Allaqs Augen an die Helligkeit und er schaut in ein freundliches Gesicht. „Iluak sagt, der Name des jungen Jägers ist Allaq. Und er sagt, du wirst alle im Lager wieder gesund machen. Du bist Angakkuq."

Anouk betritt den Raum. Ihr folgt Iluak. Allaq freut sich so sehr, die beiden zu sehen.

Abends haben sich alle im größten Haus des Lagers versammelt. Die Kranken werden getragen oder stützen sich gegenseitig. Alle wollen Iluak danken und den jungen Jäger kennenlernen, der ihnen seine Geschichte erzählen will, wie Tootega angekündigt hat.

Es gibt reichlich heiße Suppe und vor allem wieder genug zu essen. Es duftet köstlich nach gekochtem

Robben- und Walrossfleisch. Alle essen sich satt.

Dann wird es still im Raum und Allaq beginnt zu erzählen: Von der Begegnung mit dem Fisch, der ihn bat, ihn nicht zu töten, von der Rückkehr in sein Lager, dem Tod seiner Eltern und von seiner List, die ihm das Leben rettete. Dann schildert er die zweite Begegnung mit dem Fisch, seine Reise durch das Eis, vom Wolf, der ihn vor dem Erfrieren und vor dem Nanuk rettete, von dem Zusammentreffen mit Iluak, ihrer gemeinsamen Walrossjagd und von dem Schneesturm, der über ihn hereinbrach, als er allein weiterzog.

Ein ehrfürchtiges Raunen geht durch den Raum, als er seine dritte Begegnung mit dem Wolf schildert, der ihn im Sturm zu dem Inuksuk führte. Keiner der Zuhörer scheint zu atmen, so leise ist es, als Allaq von seiner Schneeblindheit und zuletzt von seinem Sturz in den Fluss und der dritten Begegnung mit dem leuchtenden Fisch erzählt. Allaq berichtet aber nicht nur die Geschehnisse. Er lässt auch seine Ängste, seine Hoffnungen, seine Verzweiflung, seine Trauer, die er auf seiner langen Reise in sich gespürt hat, für die Zuhörer lebendig werden. Und er erzählt von seinem Traum, in dem er Sedna gefragt hat, wie er den Kranken in dem Lager helfen kann. Und dass sie ihm gesagt hat, er solle seine Geschichte erzählen.

Tootega nickt zu seinen letzten Worten und sagt: „Du warst schwach und du warst verzweifelt. Aber du hast nicht aufgegeben, sondern immer wieder neue Kraft in dir gefunden, dein Ziel zu erreichen. Dafür hat Sedna dich belohnt und dir den Fisch und den Wolf geschickt." Allaq schaut sie an, dann sagt er: „Und sie hat mir Iluak geschickt, der mir den Weg zu eurem Lager zeigte, und Anouk, die mich aus dem Wasser zog, und dich Tootega, die meine Augen heilte."

Iluak erhebt sich, zeigt auf die Menschen, die sich im Raum befinden, dann schaut er Allaq an. „Diese Frauen und Männer und Kinder, die krank sind, haben deine Geschichte gehört. Deine Kraft, zu überleben, geht mit deinen Worten in ihre Ohren, und von den Ohren in ihre Herzen, und von ihren Herzen in ihre Körper und macht sie gesund."

Alle stehen auf und klopfen Allaq zum Dank auf die Schulter. Tootega sagt zu Allaq: „Ich habe eine Tochter und nun habe ich auch einen Sohn. Unser Haus ist auch dein Haus."

Iluak klopft Allaq ebenfalls auf die Schulter und sagt: „Bald werde ich mit den gesunden Männern aufbrechen zur Jagd. Wir können noch einen mutigen, jungen Jäger gebrauchen. Halte dich also bereit."

Dann spielt Anouk auf der Flöte. Allaq greift nach seinem Instrument und begleitet sie. Tootega singt dazu.

Als alle gegangen sind, klettert Allaq auf den Hügel am Lager, denn er will allein sein. Er schaut von dort in die endlose Weite der ewigen Eiswüste, die nur vom Mond und den Sternen erhellt ist. Die Schönheit dieser Welt strömt in sein Herz. Er ruft laut: „Vater und Mutter, ich liebe euch."

Und der Fluss leuchtet und ein Wolf heult in der Ferne.

Glossar

Die meisten verwendeten Begriffe entstammen der Inuitsprache.

Die folgenden Wörter werden in der Geschichte benutzt:

Amarok
So nennen die Inuit einen einsamen Wolf.

Angakkuq
Das Inuitwort für Schamane (siehe Erklärung Schamane).

Balg
ist die Haut von Vögeln.

Die Zeit des frostzerrissenen Bodens
Die Inuit kennen keine Monatsnamen. Aber sie geben den Zeiten Namen. Die Zeit des frostzerrissenen Bodens ist ungefähr im Februar, wenn es wärmer wird. Dann ist es aber oft immer noch 20 Grad unter Null, also sehr kalt.

Finne

ist die aufrecht stehende Flosse beim Wal, die oft beim Schwimmen aus dem Wasser ragt. Sie kann beim Orca so groß wie ein ausgewachsener Mensch werden.

▲▽▲▽▲▽▲▽

Harpune

Speer der Inuit, um zu jagen. An dem einen Ende des Speers ist eine Spitze, an dem anderen Ende ein Seil, damit der Jäger den Speer wieder zu sich ziehen kann, zum Beispiel, wenn er ins Wasser fällt.

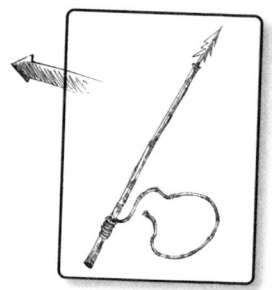

▲▽▲▽▲▽▲▽

In den alten Tagen, als die Leute noch anders waren als heute ...

So beginnen die Inuit ihre Geschichten. So wie wir bei uns sagen: Es war einmal …

▲▽▲▽▲▽▲▽

Inuksuk

ist ein riesiges von Menschen errichtetes Denkmal aus großen Steinen. Es ist weithin zu sehen. Die Inuit weisen mit dem Inuksuk den Weg zu einem Lager oder zu Essensplätzen oder es soll auf eine gefährliche Stelle aufmerksam machen.

▲▽▲▽▲▽▲▽

Kajak

ist bei den Inuit ein schmales Boot aus Knochen und Robbenfell. Robbenfell ist dünner als Karibufell und wasserdicht.

Karibu

Ein Rentier aus der Familie der Hirsche. Karibu ist ein indianisches Wort.

Köcher

Im Köcher werden die Pfeile aufbewahrt.

Kulitaq

Parka aus Fell, meist von einem Karibu, aber auch aus Fuchs- oder Eisbärfell.

Nanuk

Eisbär

Narwal

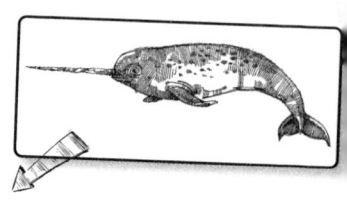

wird bis zu 5 Meter lang. Sehr auffällig ist, dass einer seiner Eckzähne nach vorne gewachsen ist und bis zu 3 Meter lang werden kann. Er dient den Walen ein bisschen wie bei uns die Zunge. Er kann damit die Wassertemperatur spüren und auch schmecken. Er benutzt den Stoßzahn nicht zum Jagen. Der Narwal ernährt sich von kleinen Meeresbewohnern, indem er sie aufsaugt. Der Narwal lebt überwiegend auch in den kalten Meeren (wie der Orca).

Orca

ist ein anderer Name für den Schwertwal (manchmal wird er auch Killerwal genannt). Eigentlich ist er ein sehr großer Delfin (7 bis 9 Meter lang). Er ist überwiegend schwarz, aber unter dem Bauch weiß. Auf jeder Seite hat er noch einen großen weißen Fleck. Damit ist er leicht zu erkennen. Orcas leben hauptsächlich in den kalten Meeren.

Qamutiq

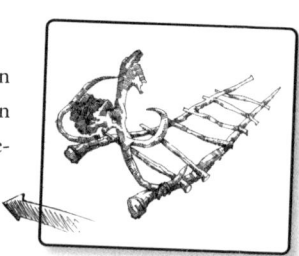

So nennen die Inuit ihren Schlitten, der von mehreren Hunden gezogen wird. Die Kufen sind oft aus dem Stoßzahn der Narwale hergestellt worden.

Qarmaq

Die Behausung der Inuit im Frühling, Herbst und Winter. Es wurde aus Treibholz, Knochen, Fellen und Moos gebaut. Drinnen wurde es durch Tranlampen sehr warm, jedenfalls für die Inuit. Wir hätten es nicht als warm empfunden. Im Sommer lebten die Inuit in Zelten aus Knochen und Fellen. Das Iglu bauten sie nur, wenn sie in den sehr kalten Jahreszeiten unterwegs waren.

Qarmaqrohbau

Robben

dazu gehören z. B. Seehunde.

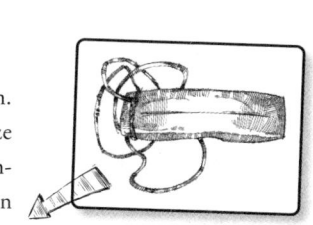

Schamane oder Schamanin

Die Inuit glauben, dass ein Schamane mit Göttern reden und bei Krankheit helfen kann. Er ist ein bisschen Priester und ein bisschen Arzt.

Schneebrille

Das ist keine Sonnenbrille, wie wir sie kennen. Sie ist ein Stück Knochen, in das zwei Schlitze geschnitten sind, damit die gefährliche Sonnenstrahlung nicht auf die Augen trifft. Man kann leider auch nicht sehr viel sehen, wenn man sie trägt. Aber man muss sie tragen, wenn es sonnig ist. Gerade der Schnee reflektiert die Sonnenstrahlung sehr stark.

Scholle

Damit ist in der Geschichte immer eine Eisscholle gemeint. Das sind Stücke von Eis, die
vom Festland abgebrochen sind und durch das
Meer oder den Fluss treiben. Sie können so groß
sein, dass man darauf herumlaufen kann. Da
das Wasser aber immer knapp über 0 Grad warm
ist, wird die Scholle im Wasser immer kleiner.

▲▼▲▼▲▼▲▼

tranig

heißt zähflüssig

▲▼▲▼▲▼▲▼

Tranlampe

Sie spendet Licht und Wärme. Ein von Walfett
(Tran) durchtränkter Docht brennt, muss aber
ständig beobachtet werden.

▲▼▲▼▲▼▲▼

Turaarut

ist der Name eines Inuksuk. Es heißt übersetzt
ungefähr: „zeigt das Ziel an".

▲▼▲▼▲▼▲▼

Ulu

Frauenmesser. Es ist halbrund und kann an beiden
Seiten festgehalten werden. Es sieht ein bisschen aus
wie ein Kräutermesser.

Dank

Herrn Doktor Alexander Vögtli danke ich für den Tipp mit der Schneebrille, Erika Domenik und Bernward Müller vom Theater Theatrino für die hilfreichen Anmerkungen zum Manuskript und vor allem für die Anregung, mich mit Allaq überhaupt zu befassen, Sandra Wolters und Bärbel Krause danke ich für ihr aufmerksames Lesen.

Jean-Loup Rousselot, Experte für Eskimo-Forschung, ehemals am Völkerkundemuseum München, danke ich für die dezidierte fachliche Durchsicht des Manuskripts und seine hilfreichen Tipps zum Thema „Schneeblindheit" und nicht zuletzt für seine ermunternden Worte zu meiner Geschichte.

Zudem danke ich Frau Dr. Schierle vom Landesmuseum Stuttgart sowie Frau Dr. Steffen-Schrade, Fachbereichsleiterin Ethnologie im Landesmuseum Hannover für ihre Hilfsbereitschaft.

Herrn und Frau Dres. Walk danke ich, die mir in einem langen und so netten Telefongespräch so viele wichtige Hinweise für meine Geschichte gaben.

Melanie Kuhlen, Elke Peters, Margit Thelen und Katja Stappmanns möchte ich für das Erproben der Geschichte in ihren damaligen 4. Schuljahren und Ina Schürmann für die Möglichkeit, das Buch ihren Kindern in der 7.1.1 vorlesen zu dürfen, danken. Und ein ganz besonders herzlicher Dank gebührt den Kindern der entsprechenden Klassen für die tolle und differenzierte Rückmeldung.

Ich habe mich bemüht, die Geschichte wissenschaftlich abzusichern und hoffe, dass mir keine großen fachlichen Patzer mehr unterlaufen sind. Darin wurde ich von vielen Wissenschaftlern und Fachleuten im Bereich Inuit und Arktis unterstützt. Sollte jemand doch eine Unkorrektheit in der Darstellung entdecken, bitte ich um Nachsicht: Letztlich wollte ich eine spannende Geschichte schreiben, die jungen Menschen Mut macht, „ihren" Weg zu gehen und an ihre innere Kraft zu glauben.

Guido Kasmann lebt und schreibt in seiner Geburtsstadt Köln.

Lange Jahre arbeitete er als Grundschullehrer und in der Lehrerausbildung. Zum Schreiben hat er durch seine Kinder gefunden, denen er häufig abends selbst erfundene Geschichten erzählte. Irgendwann begann er, sie aufzuschreiben. Viele Monate im Jahr tourt er durch Deutschland und präsentiert sein lebendiges Erzähltheater.

Autorenlesung mit Guido Kasmann

Das kindgerecht konzipierte Erzähltheater besteht aus dem Vortrag von Teilen der Romane, theatralischen Elementen sowie musikalischen Beiträgen und Gesprächen zwischen Autor und Kindern.

Kontakt: post@guidokasmann.de
      Betreff „Autorenlesung"
      www.GuidoKasmann.de

Victor Brizuela wurde 1976 in Resistencia-Chaco (Argentinien) geboren; wuchs in Paraguay auf, wo er unter anderem als Illustrator und Designer arbeitete und an Ausstellungen und Kunstprojekten teilnahm. Außerdem absolvierte er erfolgreich ein Kunststudium in Argentinien.

Guido **Kasmann** im BVK Buch Verlag Kempen

Fantastische Zauberwelten – Band 1
Der schwarze Nebel

Sind Drachen kitzlig? Kobold Kuno findet es heraus und verliert dadurch seine Schutzengel. Als er auf Jan trifft, gerät er in die Menschenwelt. Plötzlich entführen die bösen Dunkelelfen Rebecca und bringen sie dem mächtigen Drachen. Jan und Kuno wollen sie befreien, doch zuerst müssen sie gegen fleischfressende Pflanzen, Moor-Nymphen und Springteufel kämpfen – bis sie vor dem Drachen stehen …

Hardcover ab 8 J., 140 S., Best.-Nr.: LI38
ISBN 978-3-86740-155-5, **EUR 7,50**

Fantastische Zauberwelten – Band 2
Der Fluch des Bergzauberers

Die Dunkelelfen haben die Macht im Zauberreich übernommen, denn der Drachenfürst Feridun Flint von Funkenflug liegt in Ketten. Kobold Kuno begibt sich in die Menschenwelt und bittet Jan, Rebecca und Marvin um Hilfe. Zusammen mit dem kleinen Halbvampir Graf Mandala von Paprika reisen sie in die Zauberwelt. Dabei treffen sie auf den Bergzauberer, der sie gefangennimmt und den Dunkelelfen ausliefern möchte. Die Lage scheint aussichtslos …

Hardcover ab 8 J., 176 S., Best.-Nr.: LI52
ISBN 978-3-86740-245-3, **EUR 7,50**

Fantastische Zauberwelten – Band 3
Der Angriff der Dunkelelfen

Drachen im Garten? Jan, Rebecca und Marvin wundern sich über so etwas nicht mehr. Fürst Feridun, sein Vater Majestatus und Kobold Kuno sind in die Menschenwelt gekommen, um die Kinder um Hilfe zu bitten: Im Zauberreich wird es immer heißer. Ob die bösen Dunkelelfen, die in die Zauberwüste verbannt wurden, wohl etwas damit zu tun haben? Der Wüstenkönigin Garamanta und ihrem Volk muss jedenfalls geholfen werden! Es kommt zu einem letzten, großen Kampf …

Taschenbuch ab 8 J., 136 S., Best.-Nr.: LI59
ISBN 978-3-86740-315-3, **EUR 6,90**

Guido Kasmann im BVK Buch Verlag Kempen

Lena! Chaos! Klappe, die erste!

Lena ist begeistert. Ein Filmteam will bei ihr zu Hause drehen. Doch die Aufnahmen verlaufen chaotisch: Hund Satan bellt in die Szene, Ratte Karlchen beißt die Stromkabel der Scheinwerfer durch und eine Katze bringt den allergiegeplagten Regisseur an den Rand eines Nervenzusammenbruchs. Dann ist auch noch plötzlich Matthäus, Lenas Steppenwaran, verschwunden und eine hektische Suchaktion beginnt. Als der junge Hauptdarsteller Martin auf Lenas Pferd vom Drehort flieht und von der Polizei gesucht wird, begreift Lena, dass das Leben kein Film ist.

Hardcover ab 9 J., 240 S., **Best.-Nr.: LI105**
ISBN 978-3-86740-777-9, **EUR 8,90**

Appetit auf Blutorangen

Kathi lernt das kleine Gespenst Gregor von Gutenbrink aus dem Hause derer von Niederfahrenhorst auf Burg Kummerschreck auf einer Geisterbahn kennen.
Gregor hat eine besondere Fähigkeit: Er kann Stimmen nachahmen. Klar, dass Kathi diese Fähigkeit zu nutzen weiß, z. B. beim Pfuschen in der Mathearbeit.
Aber leider bringt der vorlaute Gregor sie auch in peinliche Situationen, denn Kathi ist ein bisschen in ihren Klassenkameraden Thorsten verliebt. Ein Ausflug mit der Klasse zu einer Burg wird schließlich zu einem Abenteuer ...

Hardcover ab 8 J., 120 S., **Best.-Nr.: LI01**
ISBN 978-3-936577-56-3, **EUR 7,50**

Theo – das Tagebuch

Theo hat es nicht leicht:
Das Handy seiner großen Schwester hat Husten und bei Google findet er keinen Frühling. Bei zu langem Duschen muss ein Sondereinsatzkommando eingreifen, aber ein Schrubber ist noch lange kein Grund für Liebeskummer. Und Theo fragt sich zudem: Sind Gedichte nur was für Omas? Darf man eine Mama auch mal erfinden? Und hinterlassen Frösche Kratzer beim Küssen? Vielleicht sollte er lieber darüber nachdenken, wie er Antje aus seiner Klasse ansprechen könnte, aber da ist auch noch die sehr spezielle Hausaufgabe seiner Lehrerin.
Zum Glück hat Theo ja diese verrückt tolle Familie ...

Taschenbuch ab 10 J., 144 S., **Best.-Nr.: LI112**
ISBN 978-3-86740-879-0, **EUR 6,50**

weitere Bücher unter: *www.buchverlagkempen.de*
oder unter: *www.GuidoKasmann.de*